POST SCIENCE/13

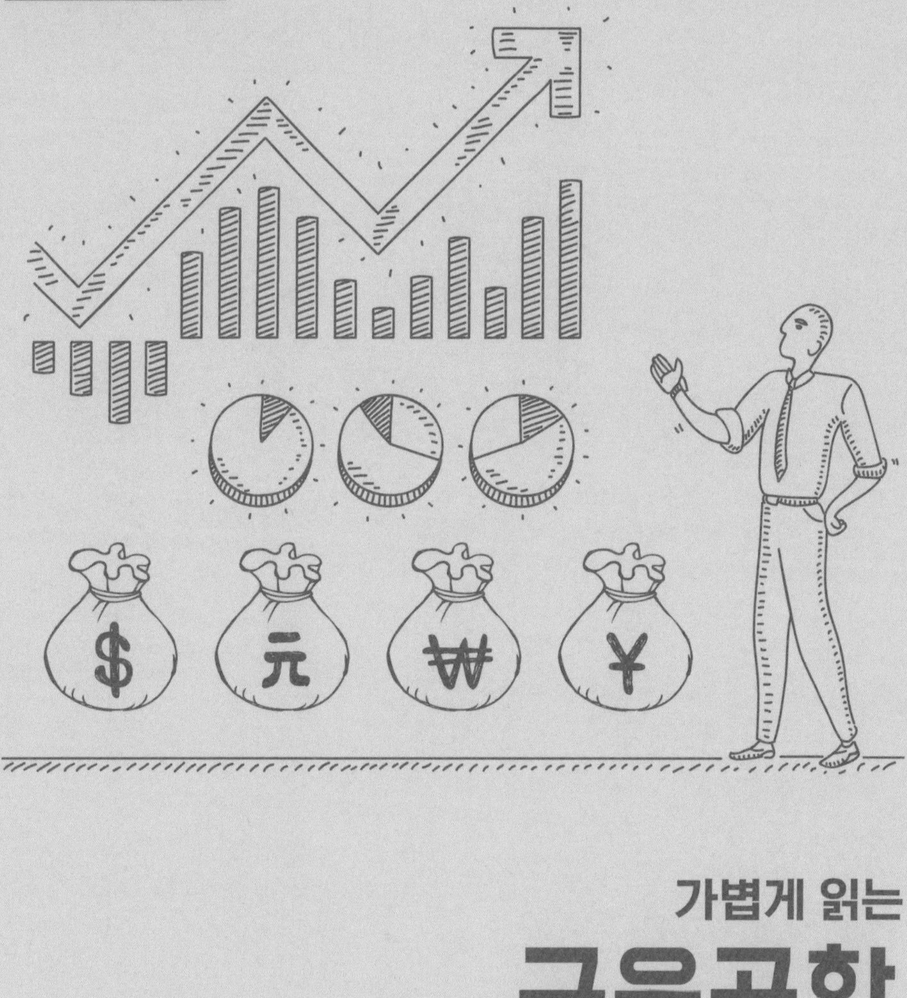

가볍게 읽는

금융공학

기초부터 단단히 다지는 현대 금융시장의 원리

다부치 나오야 지음

안선주 옮김 | 이재원 감수

북스힐

프롤로그

'금융'은 우리 생활에 아주 가깝고도 중요한 존재입니다. 현대사회에서 금융과 아무런 상관없이 생활한다는 것은 이제 불가능한 일이 되었습니다. 비즈니스 역시 마찬가지입니다. 어떠한 비즈니스를 하든지 반드시 금융과 관련되어 있습니다.

이처럼 금융은 가까운 존재이지만 전 세계 금융시장은 너무나도 거대해졌고 금융상품은 점점 더 복잡해지고 있습니다. 금융의 급격한 확대와 복잡화의 배경에는 '파생상품'이라는 새로운 형태의 금융거래가 지대한 영향을 주었습니다. 파생상품은 금융 비즈니스의 본연의 모습을 변화시켜 금융시장의 급격한 확대를 촉진했습니다. 다시 말해 현대 금융을 이해하려면 파생상품을 이해해야 하는 시대가 되었습니다. 이러한 파생상품을 뒷받침하는 것이 바로 '금융공학'입니다.

파생상품 시장은 거대한 시장인 만큼 그곳에서 일어난 혼란이 세계 경제에까지 큰 영향을 미칠 수 있는 존재입니다. 파생상품의 등장으로 금융이 거대화, 복잡화되는 가운데 은행을 비롯한 금융기관이나 다양한 금융상품에 투자하는 투자가들이 막대한 손실을 입지 않도록 철저하게 이론으로 무장하여 위기관리에 임해야 할 필요성이 증가하고 있습니다. 예측할 수 없는 사태로 막대한 손실을 입지 않기 위해 위기를 관리하는 기술을 '리스크 관리'라고 하는데, 이 리스크 관리 역시 금융공학이 뒷받침하고 있습니다.

이처럼 금융공학은 현대 금융에 없어서는 안 될 중요한 이론이 되었습니다. 더욱이 금융공학은 금융에만 국한된 이론이 아닙니다. 예를 들어 손실이 발생할 확률을 객관적으로 측정하기 위한 리스크 관리의 개념은 금융 이외의 분야에서도 다양한 응용이 가능합니다.

금융공학은 일종의 종합공학입니다. 금융 지식은 물론 확률 및 통계론, 미적분법 등 다양한 수학적 기법이 구사됩니다. 그래서 복잡하고 난해한 부분도 분명 존재합니다. 이러한 이유 때문에 자칫하면 멀리하기 쉬운 분야가 된 것도 사실입니다.

하지만 '공학'이라는 학문답게 개념 자체는 비교적 심플하고 매우 논리적입니다. 개념을 이해하는 것만으로도 복잡하고 기괴하게 느껴지는 현대의 금융을 보다 깊이 이해할 수 있을 것입니다.

본서에서는 금융공학의 핵심이 되는 부분을 도표를 통하여 알기 쉽게 해설하였습니다. 파생상품이나 리스크 관리 등에 대해 들어본 적이 없더라도 쉽게 이해할 수 있도록 친절하게 설명하고자 했습니다. 그러니 안심하고 금융공학의 세계를 들여다보길 바랍니다. 군데군데 조금 어려운 수식이 등장하지만, 중요한 것은 수식이 의미하는 개념을 이해하는 것입니다.

금융공학에 관한 수많은 서적이 간행되어 있지만 대부분은 어려운 수식이 나열된 전문가용의 난해한 책들입니다. 그러한 책들을 무턱대고 접하게 되면 이해는커녕 거부감만 증폭될 수 있습니다. 반대로 얼마 안 되는 입문서는 전자와는 달리 겉핥기식 해설로 되어 있는 경향이 있습니다. 본서는 전문 지식이 없어도 읽을 수 있는 입문서이자 금융공학 본래의 개념을 확실히 이해할 수 있는 내용으로 구성하기 위해 노력하였습니다.

금융과 금융공학은 매우 깊이 있는 세계입니다. 하나를 깊이 이해하면 그 앞에 새로운 과제가 나타납니다. 그 과제를 해결하면 그 앞에 또 다른 세계가 펼쳐집니다. 도착지가 어디인지는 필자도 알지 못합니다. 왜냐하면 금융은 아직 밝혀지지 않은 부분이 많고 금융공학은 발전 과정에 있는 미완성의 이론이기 때문입니다. 오히려 그러한 점이 금융과 금융공학의 진정한 묘미라고 생각합니다.

만약 본서를 통해 금융과 금융공학에 흥미를 느끼고 더 알고 싶은 마음이 조금이라도 생긴다면 더할 나위 없는 기쁨일 것입니다.

다부치 나오야

목차

제 1 장

금융공학 이해하기

금융공학은 현대 금융에 없어서는 안 될 중요한 이론입니다. 어려워 보인다고 멀리하기 쉬운 분야이지만 개념을 이해한다면 새로운 세계가 펼쳐질 것입니다. 제1장에서는 금융공학의 전체적인 개념을 살펴보겠습니다.

1-1 금융공학이란 무엇인가?

금융공학이란 파생상품과 리스크 관리를 뒷받침하는 수학적 이론이다

루나 : **금융공학**(Financial Engineering) 하면 왠지 어렵게 느껴지는데, 금융공학이란 무엇인가요?

히로 : 한마디로 말하면 **금융에 관한 수학적 이론**이라고 할 수 있습니다. 나중에 자세히 설명하겠지만, 예를 들어 **파생상품**과 같은 **금융상품**은 금융공학을 이용하여 **상품의 가격을 이론적으로 결정**할 수 있습니다. 다시 말해 금융공학이 없었다면 파생상품도 만들어질 수 없었겠죠.

루나 : '파생상품'이라는 용어는 들어본 적은 있어도 그다지 친숙하지는 않은데, 금융공학이 어떤 도움이 되나요?

히로 : 파생상품은 현대 금융에 없어서는 안 될 존재입니다.

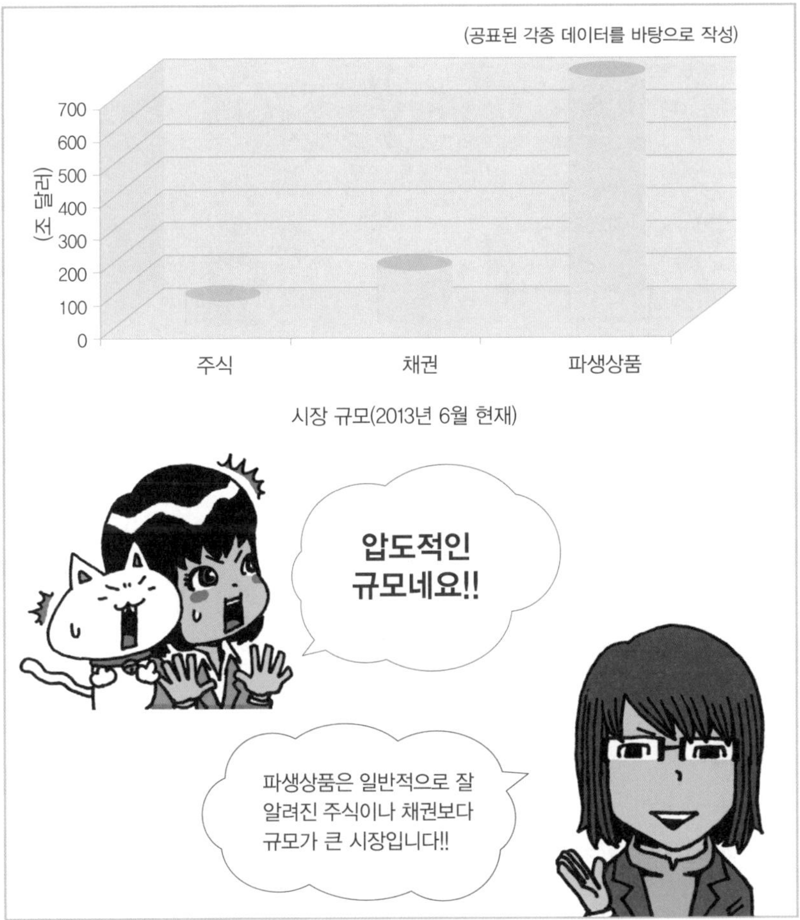

그림 1 파생상품은 거대 시장

실제로도 파생상품 시장은 엄청난 규모의 거대 시장으로 세계 경제에 지대한 영향을 미치고 있습니다. 금융공학은 이러한 파생상품과 밀접하게 연결되어 있는 만큼 금융공학의 이론을 이해하면 **주식이나 환과 같은 좀 더 친숙한 금융상품의 가격이 어떻게 결정되는지 이해**할 수 있습니다.

루나 : 그러니까 금융상품을 다루거나 투자하는 사람들에게 도움이 되는 이론이군요.

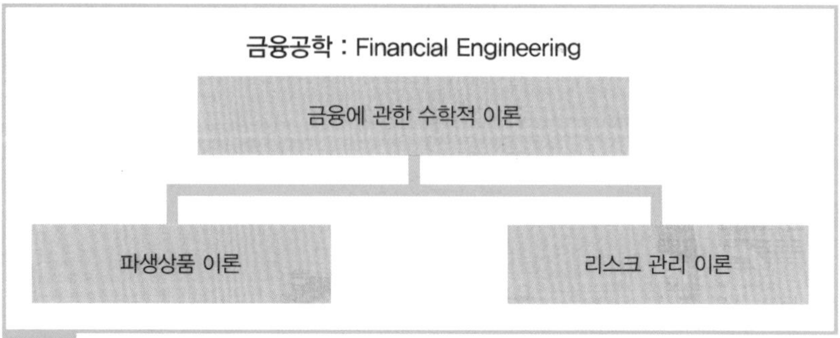

그림 2 금융공학이란?

히로 : 물론 그런 면도 있지만 그게 다는 아니에요. 금융공학은 **리스크 관리**라는 매우 중요한 기능을 뒷받침하거든요.

루나 : 리스크가 '위험'이라는 의미이니까 위기관리인가요?

히로 : 리스크의 의미에 대해서도 나중에 자세히 설명할게요. 쉽게 말하면 **손실이 발생할 가능성**을 말합니다. 은행과 같은 금융기관이나 주식 등에 투자하는 투자가는 자신이 어느 정도의 리스크를 안고 있는지 적정하게 파악하는 것이 매우 중요합니다. 더욱이 리스크 관리의 개념은 금융뿐만 아니라 **일반 기업이나 개인에게도 다양한 응용**이 가능합니다. 그러니 리스크가 많은 현대사회를 살아가는 우리들이 반드시 알아두면 좋은 개념이라고 할 수 있습니다.

루나 : 정리하면 **금융공학은 파생상품의 가격 결정 이론이자 리스크 관리를 뒷받침하는 이론**이라는 거죠?

히로 : 우선 그렇게 이해하면 충분합니다!

1-2 파생상품이란 무엇인가?

파생상품은 주식 등의 시세변동에 주목하여 거래하는 것이다

루나 : 파생상품은 어떤 것인지 궁금해지기 시작했어요.

히로 : 자세한 설명은 차차 하기로 하고, 우선 파생상품의 대략적인 개념을 살펴보겠습니다. **주식에 투자**하는 경우를 예로 들어봅시다. 주식회사가 발행하는 주식은 증권회사를 통해 일반인도 자유롭게 매매할 수 있습니다. 실제로 매매할 때는 증권회사에 수수료를 지불해야 하지만 여기서는 수수료에 대한 부분을 생략하기로 합니다.

루나 : 예를 들어 1주당 1만 원을 주고 산 주식을 1만 1,000원으로 가격이 올랐을 때 팔면 차액 1,000원이 수익이 되는 거죠?

히로 : 그렇습니다. 여기서 **1주당 가격을 주가**라고 합니다. 이 주식을 100주 샀다고 가정해 봅시다. 주가 1만 원×주식 수 100주=100만 원을 주고 주식을 구입한 것이 됩니다. 팔 때는 어떻게 될까요?

루나 : 주가가 1만 1,000원일 때 팔았다면 주가 1만 1,000원×주식 수 100주=110만 원을 받고 주식을 매각한 것이 되겠네요.

히로 : 맞습니다. 100만 원을 주고 사서 110만 원을 받고 팔았으니까 수익은 10만 원이 됩니다. 여기서 핵심은 10만 원의 수익을 올리려면 **우선 주식을 사야하니까** 맨 처음에 100만 원을 지불해야 한다는 점입니다.

루나 : 그야 당연한 거 아닌가요?

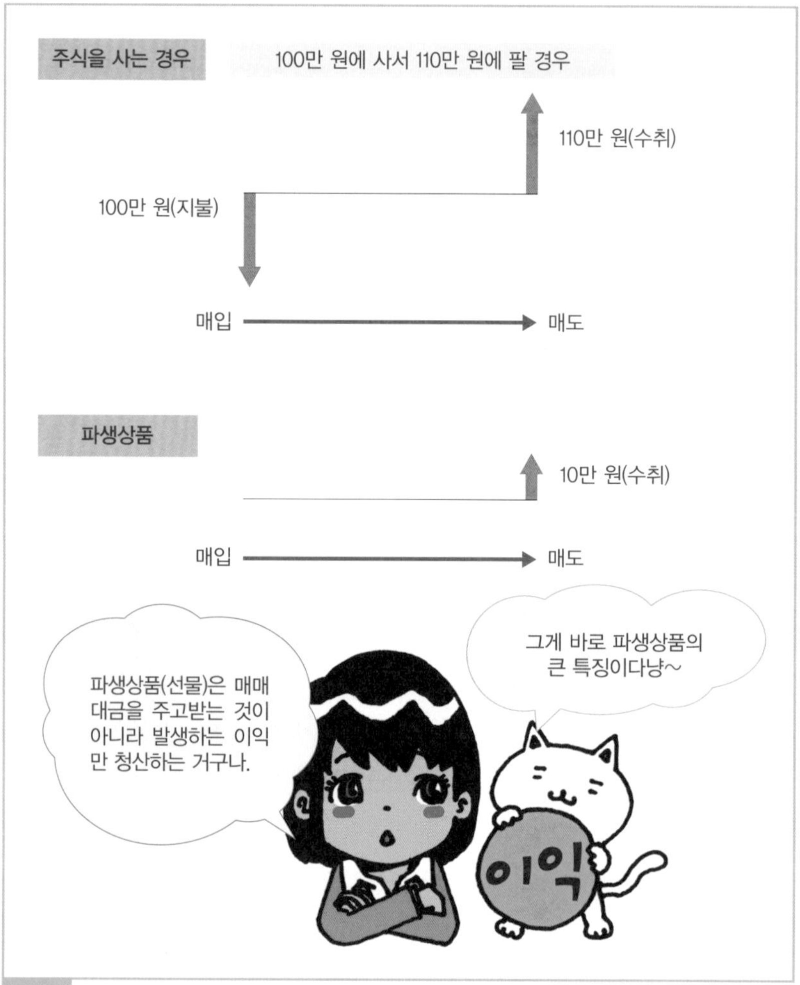

그림 3 주식과 파생상품의 현금흐름 ①

히로 : 일반적으로는 그렇습니다. 그런데 파생상품은 **처음에 100만 원을 지불하지 않아도 10만 원의 이익만을 얻을 수** 있습니다.

루나 : 왠지 반칙 같은데요.

히로 : 하지만 주식에 투자한다고 해서 늘 이익을 올릴 수는 있는 건 아니죠. 주가가 떨어지면 손실을 입습니다. 처음에 100만 원을 주고 샀어도 팔 때는 90만 원을 받기도 합니다. 그런데 파생상

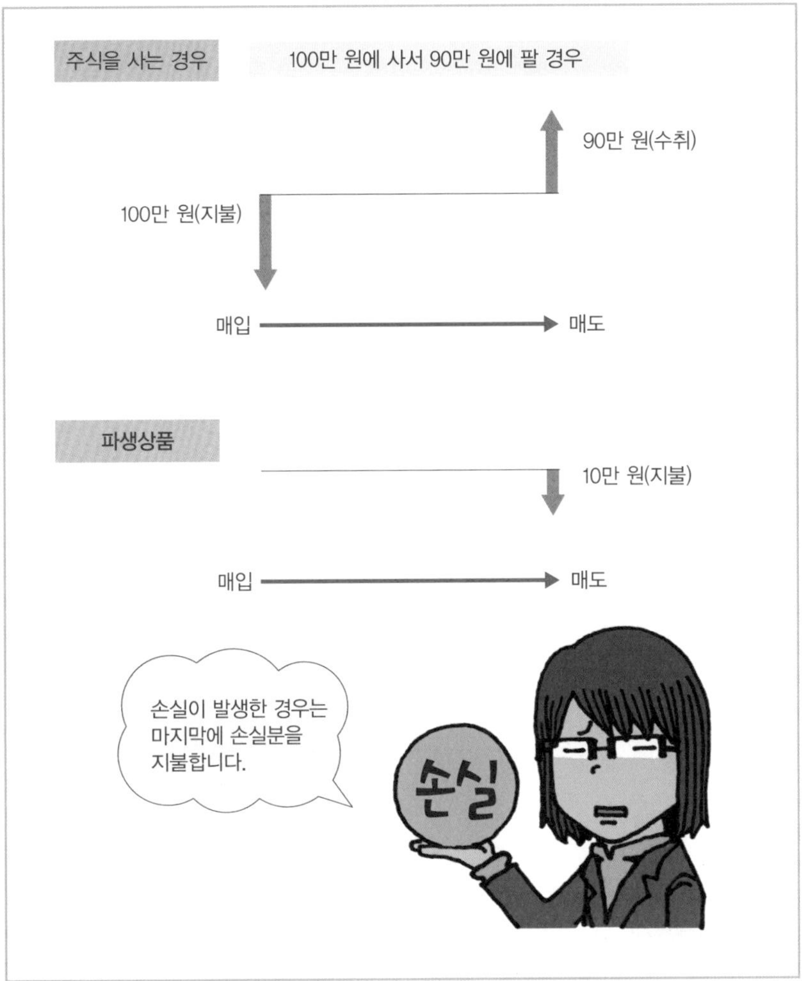

그림 4 주식과 파생상품의 현금흐름 ②

품은 처음에 100만 원을 낼 필요가 없고 손실을 입은 10만 원만 내면 됩니다. 다시 말해 주식을 실제로 사는 것이 아니라 **주식을 샀다고 가정하고 주가의 변동으로 발생한 이익이나 손실만을 청산**합니다. 상품의 한 종류인 **선물**인데, 파생상품은 주식 등의 시세변동에 주목하여 매매하거나 혹은 그것을 다른 것으로 교환하는 것이라고 할 수 있습니다.

루나 : 그렇군요.

히로 : 파생상품의 구체적인 거래 방법은 나중에 설명하기로 하고, 지금은 **주식 등의 시세변동에 주목하여 매매하거나 가공하는 것**을 가리키는 개념이라고 이해하면 됩니다.

주식으로부터 파생된 파생상품

루나 : 그런데 파생상품이라는 이름은 어떻게 붙여졌나요?

히로 : 파생상품은 영어로 derivative, 즉 '파생물'이라는 뜻입니다. 앞에 나온 예시에서처럼 주식이라는 원재료가 있고, 주식으로부터 파생된 상품이라는 의미에서 붙여진 이름입니다. 일반적으로는 **파생상품**이라고 부릅니다. 원재료가 되는 주식 등은 **원자산**이라고 합니다.

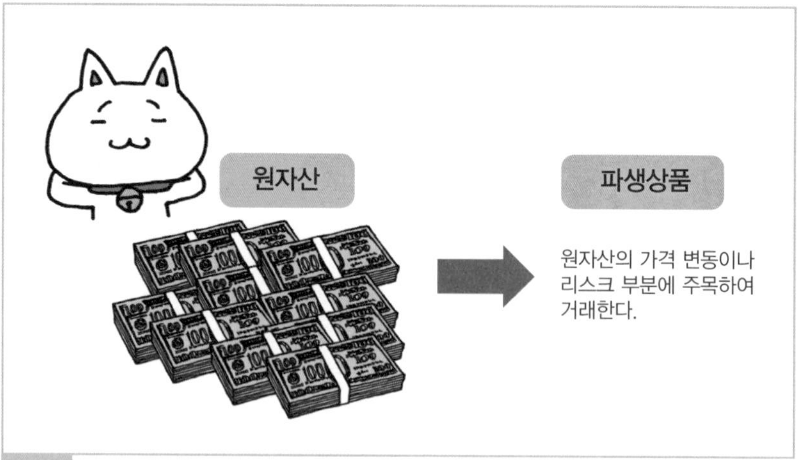

그림 5 원자산과 파생상품

1-3 파생상품의 특징

가장 큰 장점은 거래 시점을 스스로 자유롭게 결정할 수 있다는 것이다

루나 : 이러한 거래는 왜 필요한가요?

히로 : 지금은 투자할 돈이 없지만 한 달 후에 확실히 들어올 돈이 있다고 가정해 봅시다. 그 돈으로 주식을 사려는데 한 달 뒤 실제로 돈이 들어왔을 때는 이미 주가가 올라 있을 수도 있습니다.

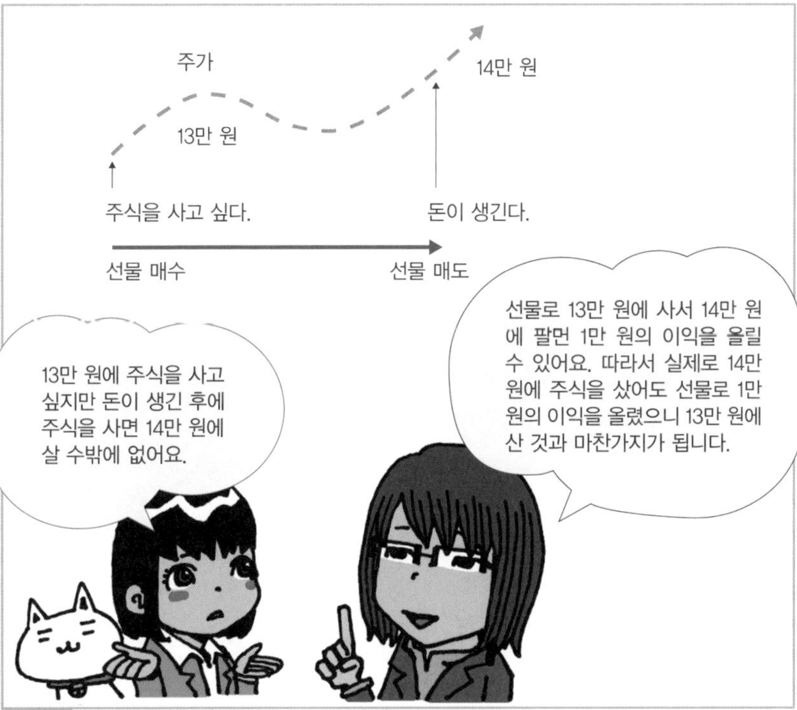

그림 6 파생상품의 이용 예시

이럴 때 돈이 없어도 거래할 수 있는 파생상품을 이용하여 미리 거래하면 **한 달 동안의 상승분을 이익으로 얻을 수 있으므로 기회를 놓치지 않을 수 있습니다.**

루나 : 하지만 한 달 사이에 주가가 떨어질 수도 있잖아요.

히로 : 물론 파생상품을 이용했다고 해서 반드시 이익을 올릴 수 있는 것은 아닙니다. 그렇지만 **입금 시기에 얽매이지 않고 주식을 매수할 시점을 스스로 자유롭게 결정할 수 있다**는 장점이 있습니다.

루나 : 그것뿐인가요?

팔았다고 가정하여 쉽게 리스크를 회피할 수도 있다

히로 : 일례를 든 것이고 그 밖에도 여러 가지 용도가 있습니다. 예를 들어 이미 특정 주식을 가지고 있다고 가정해 봅시다. 거래처의 주식을 보유하고 있는 경우처럼 거래처와의 관계를 유지하는 것이 목적이라서 마음대로 팔 수 없다거나, 조금만 더 보유하고 있으면 주주 혜택을 받을 수 있어 지금은 주식을 팔고 싶지 않다거나, 어떠한 이유에서든 팔고 싶지 않은 주식이 있다고 합시다. 그런데 주식시장에 먹구름이 끼어 자칫하면 주가가 크게 하락할 수도 있는 상황입니다. 이럴 때 파생상품을 이용하면 **보유하고 있는 주식을 팔지 않아도 주가가 떨어지면 이익이 발생**하는 거래를 할 수 있습니다. 주가가 떨어져서 보유하고 있는 주식에 손실이 발생해도 파생상품으로 이익이 발생하므로 합산하면 손실이 사라지게 됩니다.

루나 : 어떻게 그렇게 되나요?

히로 : **그림7**을 보면서 좀 더 상세히 설명하죠.

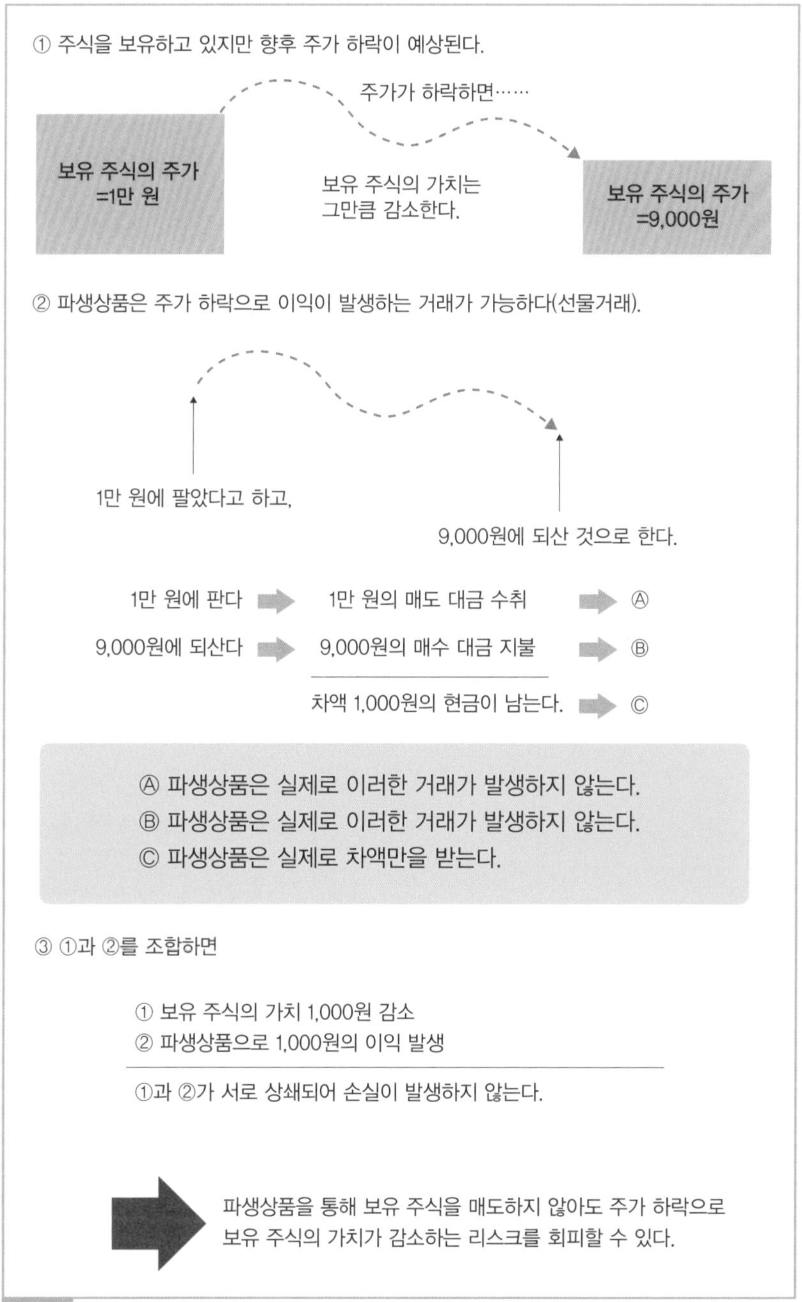
① 주식을 보유하고 있지만 향후 주가 하락이 예상된다.
주가가 하락하면……
보유 주식의 주가 =1만 원
보유 주식의 가치는 그만큼 감소한다.
보유 주식의 주가 =9,000원
② 파생상품은 주가 하락으로 이익이 발생하는 거래가 가능하다(선물거래).
1만 원에 팔았다고 하고,
9,000원에 되산 것으로 한다.
1만 원에 판다
1만 원의 매도 대금 수취
Ⓐ
9,000원에 되산다
9,000원의 매수 대금 지불
Ⓑ
차액 1,000원의 현금이 남는다.
Ⓒ
Ⓐ 파생상품은 실제로 이러한 거래가 발생하지 않는다.
Ⓑ 파생상품은 실제로 이러한 거래가 발생하지 않는다.
Ⓒ 파생상품은 실제로 차액만을 받는다.
③ ①과 ②를 조합하면
① 보유 주식의 가치 1,000원 감소
② 파생상품으로 1,000원의 이익 발생
①과 ②가 서로 상쇄되어 손실이 발생하지 않는다.
파생상품을 통해 보유 주식을 매도하지 않아도 주가 하락으로 보유 주식의 가치가 감소하는 리스크를 회피할 수 있다.

그림 7 리스크 헤지 예시

1주당 1만 원짜리 주식을 보유하고 있다고 가정해 봅시다. 그리고 향후 주가가 떨어질 것으로 예상했다고 합시다. 주가가 떨어지면 보유하고 있는 주식의 가치는 그만큼 감소하게 됩니다. 주가가 떨어지기 전에 주식을 팔면 리스크를 회피할 수 있지만, 주식을 팔지 않고 리스크만 회피하고 싶은 경우에 이용하는 것이 파생상품입니다.

파생상품에는 주식을 샀다고 가정하여 가격 상승의 이익을 얻을 수 있는 거래가 있다고 앞서 설명했는데, 반대로 주식을 팔았다고 가정하여 가격 하락의 이익을 얻을 수 있는 거래도 있습니다. 주가가 1만 원일 때 팔았다고 가정하고 실제로 주가가 9,000원으로 떨어졌다면 손익은 어떻게 될까요?

루나 : ……?

히로 : 순서를 바꿔서 생각해보면 간단합니다. 9,000원에 사서 1만 원에 팔았다면 1,000원이 이익이 됩니다. '판다'는 것은 그 가격으로 매도 대금을 받는 것이고 '산다'는 것은 그 가격으로 매수 대금을 지불하는 것입니다. 결국 차액분이 손에 남습니다. 그것이 이익입니다. 파생상품은 실제로 매매대금을 주고받는 것이 아니라 마지막 단계에서 차액분만을 받거나 주는 것이니까 개념은 완전히 동일합니다.

다시 말해 주가가 떨어지면 보유 주식의 가치가 감소하지만 파생상품을 이용하여 지금 설명한 것처럼 거래하면 하락에 의해 이익이 발생합니다. 전체적으로 보면 보유 주식의 가치 감소는 파생상품의 이익으로 상쇄됩니다.

루나 : 요약하면 **파생상품은 주식을 샀다고 가정하여 가격 상승의 이익을 얻을 수 있는 거래도 가능하지만 주식을 팔았다고 가정하여 가격 하락의 이익을 얻을 수 있는 거래**도 있다는 거죠?

히로 : 맞습니다. 일반적인 주식 거래는 먼저 주식을 사는 것부터 시

그림 8 '리스크 헤지'의 의미

작해서 샀던 주식을 파는 것이 순서입니다.

그런데 파생상품은 사는 것도 파는 것도 자유롭게 가능하다는 특징이 있습니다. 따라서 **살 돈이 없어도 샀다고 할 수 있고, 가지고 있지 않은 주식도 팔았다**고 할 수 있습니다. 이러한 특징을 잘 활용하면 **가격 상승의 이익을 얻을 기회를 놓치거나 가지고 있는 주식의 가격 하락으로 손실을 입게 될 리스크를 회피**할 수 있습니다. 이를 **리스크 헤지**(risk hedge)라고 합니다.

루나 : 파생상품의 역할은 바로 리스크 헤지의 기능에 있군요.

히로 : 그렇습니다. 이렇게 편리한 기능을 가진 파생상품은 다른 용도로 이용되기도 합니다. 예를 들어 얼마 안 되는 돈을 가지고도 주식에 크게 투자할 수 있습니다. 혹은 단순히 주가 상승이나 하락으로 대박을 노리는 거래도 쉽게 가능합니다.

루나 : 왠지 도박 같기도 한데…….

히로 : 그렇습니다. 이러한 거래를 **투기거래**라고 하는데, 파생상품은 투기거래에도 이용됩니다.

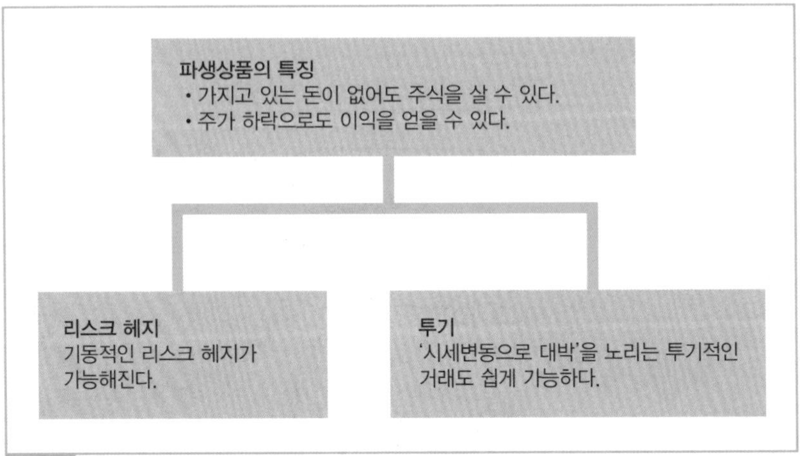

그림 9 리스크 헤지와 투기

파생상품을 어떻게 이용할지는 개인의 몫이다

루나 : 투기는 위험한 거래잖아요. 악용하지 못하게 할 수는 없나요?

히로 : 실제로는 리스크 관리 목적인지 투기 목적인지 쉽게 판별할 수 없는 경우도 있습니다. 투기적인 거래라고 해서 전부 위험한 것만도 아닙니다. 충분한 재력을 가진 사람이 효율적으로 투자하기 위한 용도로 파생상품을 이용하는 것을 전적으로 부정할 수는 없거든요. 문제는 재력이 없는 사람이 파생상품으로 큰 도박을 벌이는 경우입니다. 결국 편리한 도구인 파생상품을 적절하게 이용할지 부적절하게 이용할지는 개인의 몫입니다.

루나 : 정리하자면 파생상품은 리스크 관리 목적으로도 투기 목적으로도 이용할 수 있으므로 자신에게 맞는 거래를 선택하는 것이 중요하겠군요.

1-4 파생상품의 종류

선일자로 거래하는 선물과 선도

루나 : 파생상품이 어떤 건지는 어느 정도 감이 잡히는데, 구체적으로 어떻게 이용하는지 와 닿지가 않아요.

히로 : 앞서 설명한 것은 선물이라는 거래 방식입니다. 제2장에서 자세히 설명하겠지만, 선물은 주가 지수나 국채 등을 **선일자**로 거래하는 것으로, 다시 말하면 기일이 되기 전까지는 대금 지불이나 현물 주식, 채권의 수도 등을 미루는 거래입니다.

'선물'을 가리키는 경우는 한국증권거래소와 같은 **거래소**에서 거래되는 것을 말합니다.

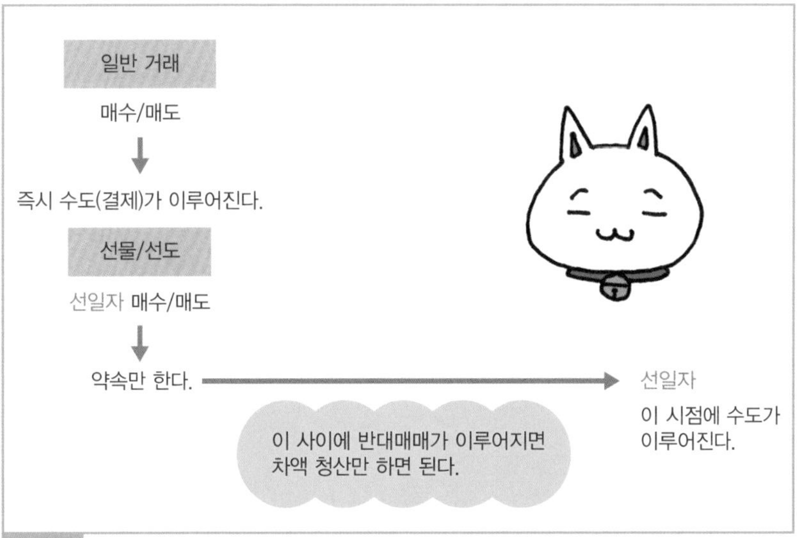

그림 10 선물과 선도

거래소에서 거래되는 것	선물
당사자 간에 거래되는 것	선도

그림 11 선일자 거래의 구분

같은 선일자 거래라도 거래소가 아니라 개별적으로 상대를 찾아 직접 거래하는 경우는 **선도거래**라고 합니다. 영어로 선물은 퓨처(Future), 선도는 포워드(Forward)라고 합니다.

루나 : 파생상품에는 거래소에서 거래되는 것과 그렇지 않은 거래가 있군요.

히로 : 거래소에서 거래되는 것은 **장내파생상품**, 그렇지 않은 것은 OTC(Over The Counter, **장외시장) 파생상품** 또는 **장외파생상품**이라고 합니다.

루나 : 선물과 선도 이외에는 어떤 것이 있나요?

무언가를 교환하는 스왑거래와 '살 권리', '팔 권리'를 거래하는 옵션거래

히로 : 스왑(swap)거래와 **옵션(option)거래**가 있습니다. 어떤 것을 주고 다른 것으로 교환한다는 의미의 스왑은 나중에 자세히 설명하겠지만, 여기서는 '스왑거래=일련의 현금흐름(**캐쉬플로우**라고 한다)을 교환하는 거래'로 기억해 두세요. 선택권이라는 의미의 옵션은 정해진 가격에 무언가를 사거나 팔 수 있는 권리를 거래하는 것입니다. 옵션거래는 다소 까다로운데, 파생상품 중에서도 금융공학의 요소가 가장 강한 부분이므로 나중에 다시 자세히 설명하기로 하죠.

루나 : 결론은 파생상품에는 '선물', '선도', '스왑', '옵션'이라는 주요 상품이 있다는 거네요. 그리고 선물은 장내파생상품, 선도는 장외파생상품에 속한다고 했는데, 그럼 스왑과 옵션은 어느 쪽에 속하나요?

히로 : 스왑거래는 기본적으로 장외파생상품입니다. 실제로 거래 잔고를 살펴보면 장외파생상품의 비중이 압도적으로 높고, 장외파생상품 중에서도 스왑거래, 특히 **금리스왑거래**가 상당히 높은 잔고를 차지합니다. 옵션거래는 장내파생상품과 장외파생상품이 있습니다. 각각을 구별하기 위해 **장내옵션, 장외옵션**이라고 부르기도 합니다.

이와 같이 파생상품에는 다양한 거래의 형태가 있지만 원자산으로부터 파생되는 가격 변동이나 리스크 부분에만 주목하여 거래를 한다는 기본적인 성질은 모두 같습니다.

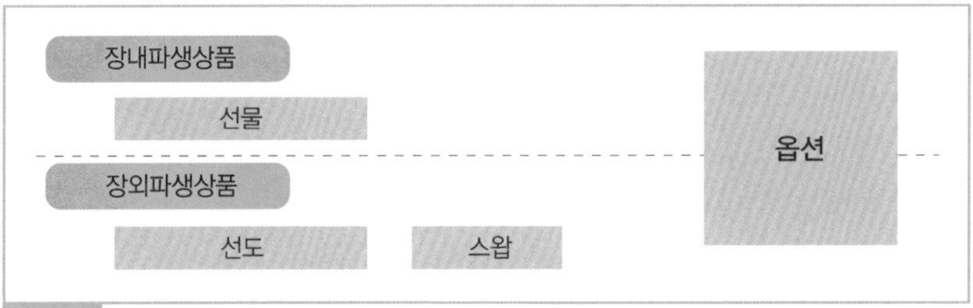

그림 12 파생상품 시장의 분류

거래소에서 거래되는 장내파생상품과 당사자 간에 거래되는 장외파생상품

루나 : 그런데 장내파생상품과 장외파생상품으로 나뉘는 이유는 무엇인가요?

히로 : 장내파생상품은 **거래소에서 규격화된 파생상품 거래**입니다. 거래소에서 정한 거래 내용으로 거래소에서 정한 규칙에 따라 매매합니다. 마음대로 거래 조건을 변경할 수 없지만 거래소라는 공통의 장에서 모두가 동일하게 거래하므로 많은 수의 참가자가 모여 일제히 거래할 수 있습니다.

따라서 매매 비용도 낮게 제한될 뿐만 아니라 거래 상대가 제대로 계약을 이행해줄지 괜한 걱정을 하지 않아도 됩니다.

반대로 장외거래는 당사자 간 거래이므로 **합의만 이루어지면 계약 조건을 유연하게 설정**할 수 있습니다. 따라서 자신의 니즈에 맞는 맞춤형 거래도 가능합니다. 장외파생상품의 큰 특징 중 하나는 계약의 유연성에 있습니다. 다만 거래 상대방이 계약을 이행하지 않을 경우 막대한 손실을 입을 가능성은 있습니다. 상대방이 계약을 이행하는 신뢰 정도를 신용력이라 하고, 이 리스크를 거래처의 **신용 리스크**, 영어로는 CCR(Counterparty Credit Risk)이라고 합니다.

루나 : 무슨 용어든 영어로 되어 있네요.

히로 : 현재의 금융파생상품은 영국과 미국에서 발전한 것이라 아무래도 영어로 된 용어가 많습니다. 물론 번역된 용어도 있지만 파생상품을 다루는 현장에서는 영어로 쓰이는 경우가 많으니까 가능하면 영어 용어에 익숙해지는 것이 편리합니다.

루나 : 어쨌든 장내파생상품과 장외파생상품에는 각각의 특징이 있으니 잘 구분해서 이용하면 되는 거군요.

	장점	단점
장내 파생상품	• 거래소 상대 거래이므로 거래 상대의 신용 리스크를 신경 쓰지 않아도 된다. • 거래가 투명하고 공평하다. • 많은 수의 참가자가 일제히 거래하므로 거래가 활발하다.	• 거래가 정형화되어 있어 맞춤형 거래가 불가능하다. • 상장되어 있지 않은 것은 거래할 수 없다.
장외 파생상품	• 당사자 간에 자유롭게 계약할 수 있어 맞춤형 거래가 가능하다. • 상대가 있으면 어떤 것이라도 거래할 수 있다.	• 거래 상대의 신용 리스크가 존재한다. • 투명성이 다소 부족하다.

그림 13 장내파생상품과 장외파생상품의 특징

1-5 리스크란 무엇인가?

리스크와 리턴은 항상 비례관계에 있다

루나 : 금융공학의 또 하나의 축이 리스크 관리잖아요. 그리고 리스크는 손실이 발생할 가능성이고…….

히로 : 잘 기억하고 있었네요. 이번에도 주식에 투자한 경우를 예로 들어 봅시다. 주가가 상승하면 이익(return)이 발생하고 주가가 하락하면 손실을 입습니다. 후자가 리스크죠.

루나 : 그럼 리스크는 위험하니까 제로로 만들고 이익만 얻을 수 있게 하면 되겠네요.

히로 : 현실은 그렇게 간단하지 않아요. 주가가 오르고 내리는 것은 기본적으로 예측할 수 없습니다. 물론 "난 주가를 예측할 수 있다"는 사람도 있겠지만 '예측은 불가능하다'는 것이 금융공학의 기본입니다. 따라서 가격 상승의 이익을 기대하고 투자했다면 하락했을 때에 손실이 발생하는 리스크가 반드시 따라오게 됩니다.

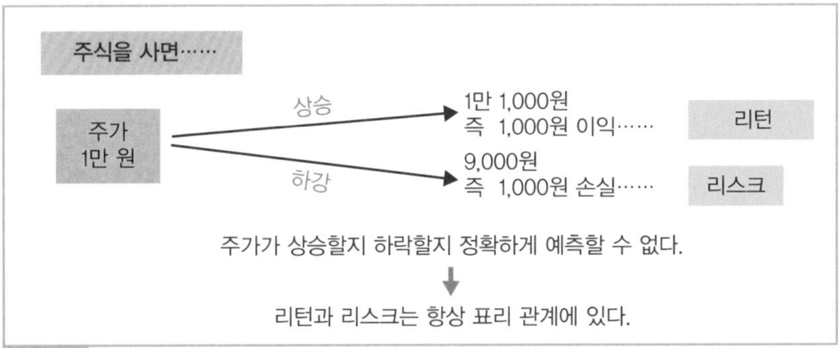

그림 14 리턴과 리스크의 관계

그림 15 특별한 능력의 투자가

루나 : 그래도 전문가라면 이익을 얻을 확률만 높일 수 있지 않을까요?

히로 : 물론 그렇게 생각하는 것이 일반적입니다. 될 수 있는 한 리스크를 억제하여 높은 리턴을 얻으려는 것이 투자의 기본이기도 하고요. 그러나 전문가라고 해서 주가 예측이 적중한다고 장담할 수 없는 것이 금융공학의 대전제입니다. 현실에서도 전문가니까 예측이 적중한다는 명확한 증거는 사실상 없습니다.

루나 : 예측의 적중률이 아주 높은 특별한 능력을 지닌 투자가가 있다는 얘기를 얼핏 들은 적이 있는데…….

히로 : 물론 개중에는 그런 투자가도 있겠죠. 하지만 이렇게 하면 예측이 적중한다는 절대적인 노하우는 없습니다. 그런 투자가는 단순히 운이 좋은 것뿐이라고 생각하는 사람도 많습니다.

루나 : 희망적인 이야기는 아니네요. 미래를 예측할 수 없다면 투자는 도박이나 다름없지 않나요?

히로 : 그렇게 주장하는 사람도 있죠. 반대로 투자는 도박과는 다르다고 말하는 사람도 있습니다. 어느 쪽이든 **이익을 노린다면 손실이 발생할 리스크를 어느 정도 감수해야** 합니다.

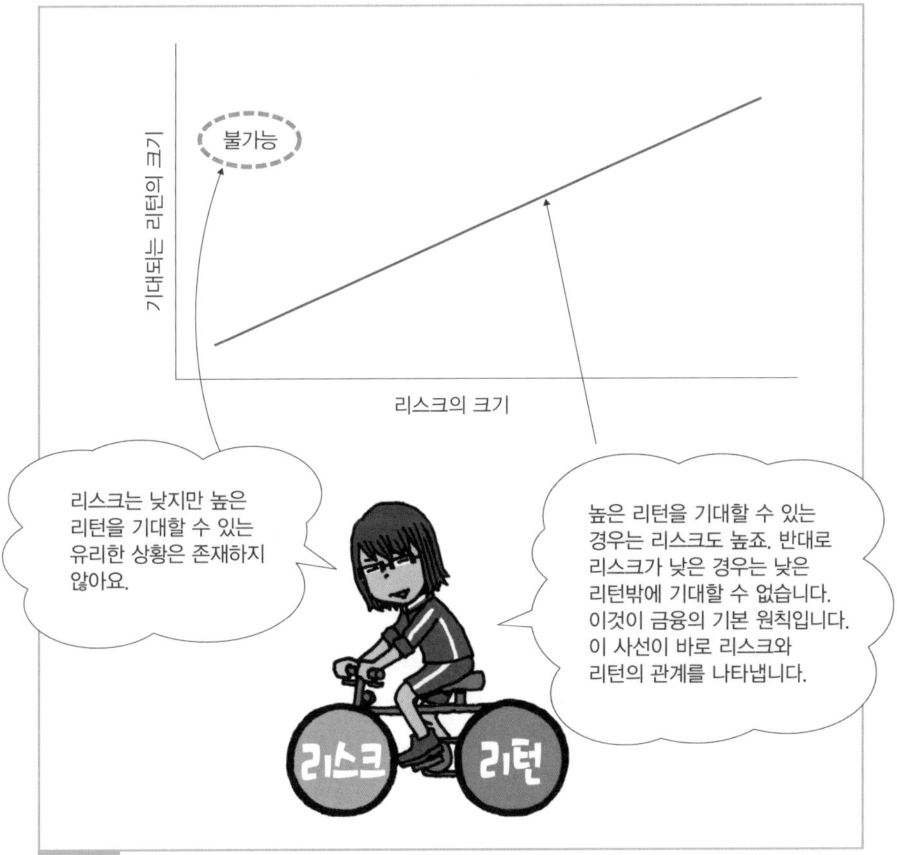

그림 16 리스크와 리턴의 관계

바꿔 말하면 리스크를 취하지 않으면 이익은 얻을 수 없습니다. 일반적으로 높은 리턴을 얻으려면 높은 리스크를 취해야 합니다. 기대되는 리턴과 리스크의 크기는 비례관계에 있다고 여겨지기 때문이죠. 그런 의미에서 리스크는 피하기만 할 것이 아니라 적절하게 취해야 할 것이기도 합니다.

루나 : 그래서 리스크를 적절한 수준으로 유지하는 리스크 관리가 필요한 거군요.

1-6 리스크 관리의 기본

리스크 관리의 기본은 파멸적 상황을 회피하는 것이다

루나 : 리스크를 적절한 수준으로 유지하려면 구체적으로 어떻게 해야 하나요?

히로 : 리스크 수준이 적절한지 판단하기 위해서는 **자신의 재력과 실제로 지닌 리스크의 양을 비교**해야 해요. 여기서 자신의 재력이란 좀 더 엄밀히 말하면 **해당 금액을 잃어도 파멸적 상황으로 치닫지 않는 한도**를 말합니다.

루나 : 저축한 돈 전부를 쏟아 부었다가 몽땅 날려버려 생활이 곤란해진다면 파멸적 상황이 되겠군요.

히로 : 맞습니다. 그런 일이 일어나지 않을 범위 내에서 사용할 수 있는 돈이 여기서 말하는 **재력**입니다. 기업의 경우에는 경영 파산에 이르지 않고 그치는 범위 내에서 사용할 수 있는 돈이 되겠죠. **자기자본**이 여기에 해당합니다.

루나 : 자기자본은 뭔가요?

히로 : 주식회사라면 주식을 발행했을 때 주주에게 받는 **출자금**이 자기자본이 됩니다. 기업이 실제로 사용하는 돈은 이러한 출자금과 은행을 통한 **차입** 등(회계상으로는 부채라고 한다)으로 조달됩니다. 차입은 상환해야 하지만 출자금은 상환의 의무가 없기 때문에 자유롭게 사용할 수 있는 돈이 됩니다. 기업이 이익을 올리면 출자금에 가산되므로 이것 역시 자기자본이 됩니다.

루나 : 자기자본이 출자금과 거기에 가산되는 이익이고, 그 돈은 원래

그림 17 자기자본과 차입

주주에게서 나온 것이니 기업이 함부로 쓰다가 잃게 되면 주주들이 잠자코 있지 않을 것 같아요.

히로 : 맞습니다. 따라서 경영자는 이익을 올려 주주에게 배당을 지급하고 주주의 돈인 자기자본을 불려나가야 합니다. 하지만 앞서 말했듯이 이익을 올리기 위해서는 리스크를 감당해야 합니다. 결과적으로 손실이 발생하여 자기자본의 일부를 잃게 되면 주주 입장에서는 달갑지 않은 상황이 될 뿐만 아니라 경영자에게도 책임이 따릅니다. 그러나 자기자본이 줄었다고 기업이 파산하는 건 아닙니다.

기업은 손실을 자기자본 범위 내로 제한해야 파산하지 않는다

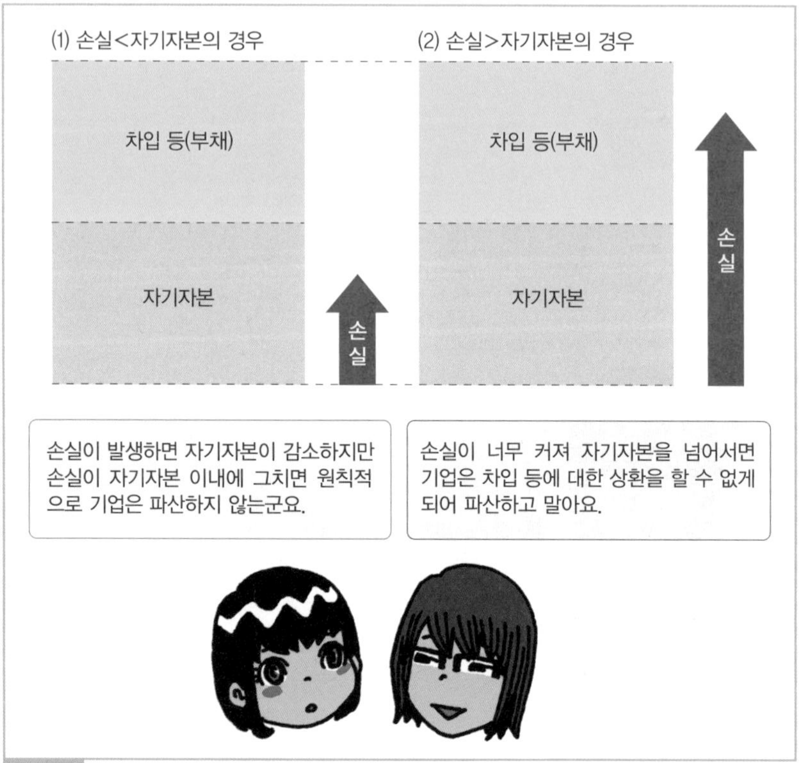

그림 18 리스크와 자기자본

루나 : 자기자본을 넘어선 손실이 발생하면 어떻게 되나요?

히로 : 은행에서 빌린 차입금 등 상환해야 할 돈을 지불하지 못하게 됩니다. 차입 상환이나 거래상 지불처럼 약속대로 지불해야 할 의무를 지닌 것을 **채무**라고 하는데, 이 **채무의 지불을 기업이 약속대로 이행할 수 없게 되었을 때 파산했다고 인정**합니다. 따라서 기업이 존속하기 위해서는 자기자본을 넘어서는 손실을 발생하게 해서는 안 됩니다.

루나 : 그렇다면 리스크는 자기자본의 범위 내로 제한해야 하겠군요. 그럼 리스크의 크기는 어떻게 측정하나요?

히로 : 여기서 등장하는 것이 바로 **금융공학**입니다. 리스크는 미래에

발생할지도 모르는 손실이기 때문에 정확한 측정이 매우 어렵습니다. 금융공학이 없다면 대략적으로밖에 리스크를 측정할 수 없으니까요.

루나 : 리스크를 자기자본의 범위 내로 제한한다고 해도 리스크가 현실화되어 자기자본의 대부분을 잃게 되면 파산하지는 않더라도 위기 상황에 놓이게 되잖아요. 그건 적절한 리스크로 볼 수 없을 것 같은데…….

히로 : 바로 그 부분이 중요한 포인트입니다. 리스크 관리는 좀처럼 일어나지 않는 **최악의 사태를 상정**합니다. 보통은 그러한 리스크가 현실이 되는 경우는 전혀 없습니다. 그러니까 자기자본의 대부분이 증발해버리는 일도 당연히 일어나지 않습니다. 그런데 나쁜 상황이 겹쳐 최악의 상황에 이르렀어도 기업은 어떻게든 살아남을 수 있습니다. 이것이 리스크 관리의 기본이 되는 발상입니다.

루나 : 리스크 관리는 최악의 상황에서 발생하는 손실액을 추정할 필요가 있고 여기에 금융공학이 활용되는 거군요.

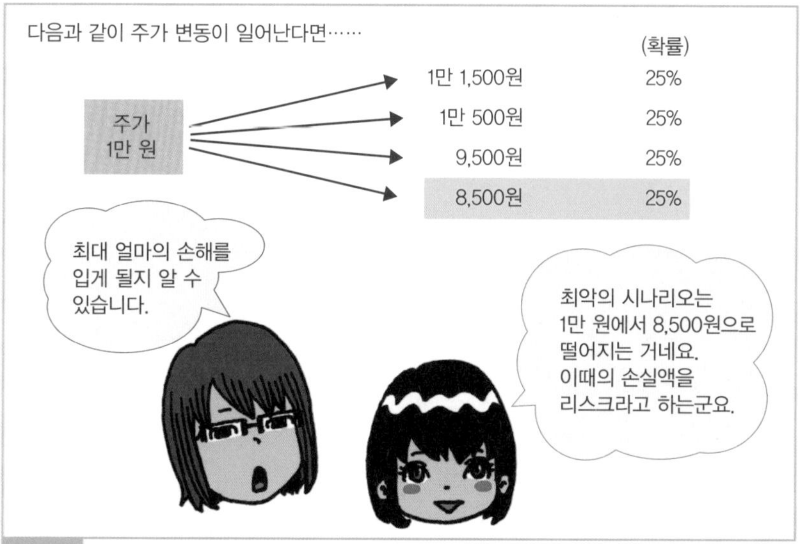

그림 19 리스크의 개념

COLUMN

파생상품 시장의 슈퍼스타

본문에서도 다루게 될 세계 최초의 스왑거래로 알려진 세계은행과 IBM의 스왑거래를 중개한 곳이 명문 투자은행인 **살로몬 브라더스**(Salomon Brothers)입니다(현재는 시티그룹의 일부가 되었습니다). 투자은행은 미국 금융기관의 일종으로 우리나라에서는 증권회사에 해당하며, 기업과 거액의 투자가를 대상으로 한 금융 서비스 제공이 전문 분야입니다. 대형 투자은행은 미국은 물론 세계 금융시장에서 절대적인 존재감을 과시하며 파생상품의 발전에도 큰 공헌을 했습니다.

살로몬 브라더스는 **뱅커스트러스트**(Bankers Trust, 현재는 도이치뱅크 그룹), **JP모건**(J.P. Morgan) 등과 나란히 파생상품 시장에서 선도적인 역할을 수행한 기업입니다. 고객에게 파생상품을 제공하는 업무뿐만 아니라 파생상품을 활용한 트레이딩 업무(금융시장에서 이루어지는 매매와 파생상품 거래를 통해 직접적으로 수익을 창출하는 업무)로도 유명한 이곳은 메이저 리그에서 활약하는 저명한 선수들의 연봉을 능가할 만큼 거액을 벌어들이는 수많은 슈퍼스타를 배출하였습니다.

파생상품을 활용하여 큰돈을 벌어들인 투자가로는 **존 폴슨**이 유명합니다. 그는 부유한 투자가들의 자금을 모아 투자하는 **헤지펀드**의 운영자로, 2007년부터 2008년에 걸쳐 '사상 최대의 대박'으로 평가되는 수익을 올린 인물입니다. 이때 그가 투자한 상품이 본문에서도 소개할 신용부도 스왑거래입니다.

이처럼 세계 금융시장에서는 파생상품에 대한 이해를 바탕으로 파생상품을 최대로 활용한 투자가들이 슈퍼스타가 되었습니다.

제2장

파생상품 이해하기

파생상품은 거대한 시장 규모를 자랑하는 금융거래입니다. 그 발전을 뒷받침한 것이 바로 금융공학입니다. 이번 장에서는 파생상품의 역사를 간략히 소개하고 파생상품의 종류에는 어떤 것이 있는지 살펴보겠습니다.

2-1 파생상품은 고대 그리스에서 시작되었다?

금융파생상품은 비교적 최근에 등장했지만 파생상품의 개념은 상당히 오래된 것이다

루나 : 이제 파생상품에 대해 자세히 설명해 주세요. 먼저 파생상품의 역사부터요. 파생상품의 역사는 얼마나 되었나요?

히로 : 소위 말하는 '금융파생상품'의 의미로는 1970년대에 미국에서 출발했으니 반세기 정도의 역사를 갖고 있습니다. 그러나 파생상품의 개념은 훨씬 예전부터 존재했다고 합니다. 조금 억지처럼 들릴 수도 있겠지만, 고대 그리스를 기원으로 보는 사람도 있습니다.

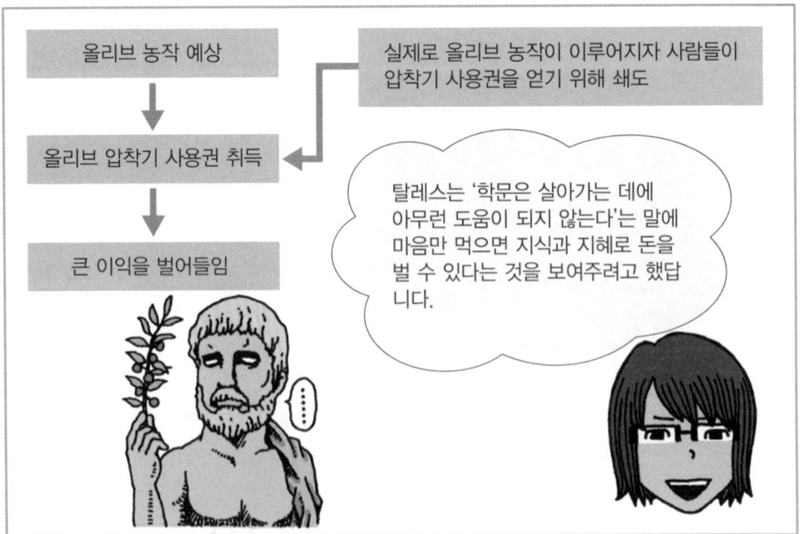

그림 1 세계에서 가장 오래된 탈레스의 파생상품 거래

루나 : 소크라테스가 파생상품을 거래하기라도 했다는 건가요?

히로 : 소크라테스보다 이전 시대에 밀레토스 출신의 탈레스(기원전 624~기원전 546년 경)라는 사람이 있었습니다. '만물의 근원은 물'이라고 주장했던 사람이죠.

루나 : 교과서에서 본 것 같긴 하고……. 고대 그리스의 철학자이자 자연철학의 시조로 불리는 사람 아닌가요?

히로 : 맞습니다. 바로 그 사람이 올리브 열매에서 기름을 짜내는 기계의 사용 권리를 이용하여 막대한 이익을 거두었다는 일화가 남아 있습니다. 거래 방법이 파생상품의 하나인 옵션거래와 비슷하다고 해서 '세계에서 가장 오래된 파생상품 거래'로 알려져 있습니다. 좀 더 뚜렷한 형태로 나타난 파생상품 거래로는 17세기에 네덜란드에서 이루어진 **튤립 거래**가 있습니다.

루나 : 튤립 파생상품이요?

그림 2 17세기 네덜란드에서 이루어진 튤립 거래

히로 : 당시 번영을 누리던 네덜란드에는 약간의 거품이 일기 시작했습니다. 투자 대상이 된 튤립 알뿌리 중에 인기가 있는 것은 집 한 채 값에 거래되기도 했는데, 이때 실물이 아닌 앞으로 수확이 예상되는 알뿌리가 대량으로 거래되었습니다. 이 방식이 현재의 선도거래와 아주 흡사했어요.

루나 : 어쨌든 미국과 유럽에서 발전한 거군요.

히로 : 그렇지만은 않아요. 에도시대의 일본은 파생상품 대국이었다고 합니다.

루나 : 정말요? 파생상품이 갑자기 친근하게 느껴지는데요.

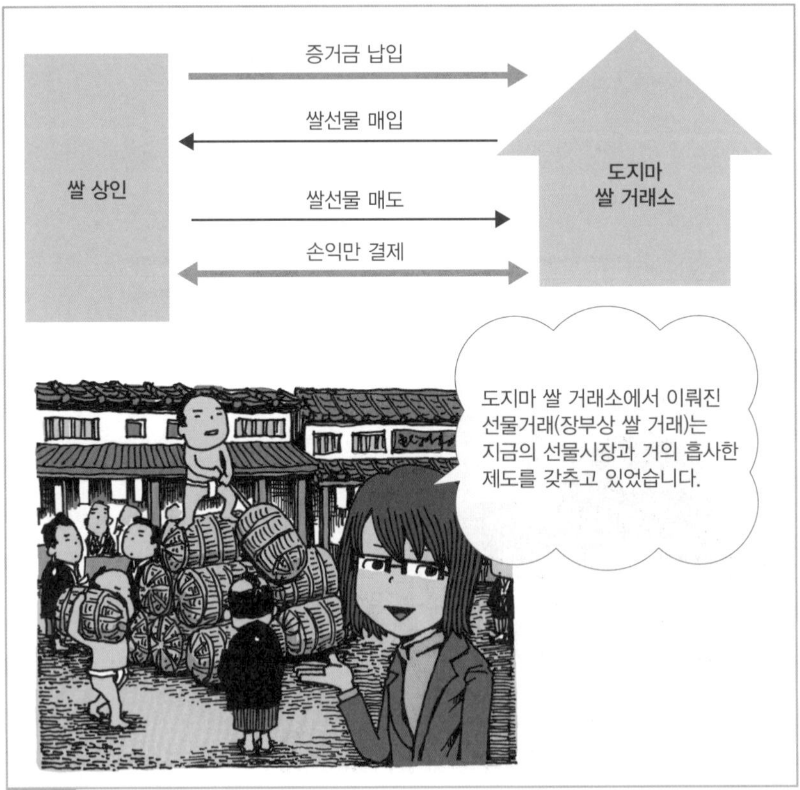

그림 3 오사카 도지마의 쌀 거래

히로 : 18세기에 오사카의 도지마 지역에서 이루어진 쌀 거래는 앞에 나온 튤립 거래와 마찬가지로 평범하게 쌀을 사고파는 것이 아니라 선일자 거래였습니다. 더욱이 당시의 거래 제도가 매우 효율적으로 정비되어 있어 현재 시카고에서 형성된 세계 최대의 **곡물파생상품시장**의 모델이 되었다는 설도 있습니다. 서두에 언급한 1970년대에 만들어진 최초의 금융파생상품이 시카고의 곡물파생상품을 모델로 했다고 하니 금융파생상품의 원형은 에도시대의 일본에서 찾을 수 있을지도 모릅니다.

루나 : 놀라운 일본의 저력이네요.

기원전 6세기	밀레토스의 탈레스가 세계에서 가장 오래된 파생상품 거래를 했다?
17세기	네덜란드에서 튤립 선도거래가 시작되다.
18세기	오사카 도지마에서 효율적으로 정비된 쌀선물시장이 발전하다.
19세기	시카고에서 곡물선물시장이 창설되다.
1970년경	시카고에서 금융선물시장이 창설되다.
1980년 이후	장외파생상품 시장이 급속도로 발전하다.

그림 4 파생상품의 역사

2-2 삿초 동맹은 일종의 스왑거래다?

바터거래도 파생상품 기원 중 하나이다

루나 : 곡물이나 쌀이 거래되었다는 얘기는 파생상품이 금융만을 토대로 만들어진 것은 아니라는 거군요.

히로 : 앞에서도 설명했듯이 파생상품 중 선물이나 선도는 미래의 수확을 예상하여 선일자로 거래하는 등 **현재 여기에 없는 것을 거래**한다는 큰 특징을 가지므로, 대상으로 삼을 수 있는 것은 금융에 특별히 한정되지 않습니다. 서로 다른 것을 교환하는 파생상품의 또 하나의 대표적인 거래인 스왑거래도 일종의 바터(barter)거래와 같은 것입니다.

루나 : 바터거래가 파생상품 기원 중 하나라면 그 밖에도 다양한 기원을 들 수 있겠군요.

히로 : 사카모토 료마(坂本龍馬, 일본 에도시대의 무사로 일본의 근대화를 이끈 인물)가 중개한 **삿초동맹(薩長同盟)**에 대해 들어 본 적 있나요?

루나 : 조슈(長州)에는 사쓰마(薩摩) 명의로 구입한 무기를 건네주고 사쓰마에는 조슈의 쌀을 공급한 것이 계기가 되어 군사동맹 체결로 이어진 동맹 아닌가요?

히로 : 기억하고 있군요. 삿초동맹은 파생상품의 교환거래, 즉 스왑거래와 흡사합니다. 이러한 교환거래는 그 밖에도 다양한 사례가 있지만 '삿초동맹은 스왑거래의 일종이었다'고 평가하는 사람도 있습니다. 나중에 소개하겠지만, 파생상품의 역사 중에서도 획기적으로 평가되는 1981년의 **세계은행-IBM 스왑**거래는 각기

다른 니즈를 교환하여 서로가 만족했다는 점에서 삿초동맹과 공통점이 많습니다.

루나 : 사카모토 료마가 현대에 살았다면 파생상품거래 개발자가 되었을 수도 있겠네요.

그림 5 삿초동맹의 개요

2-3 금리

가장 많이 거래되는 파생상품은 고정금리와 변동금리를 교환하는 금리스왑이다

루나 : 파생상품의 대상은 다양하다고 하는데, 구체적으로 어떤 것을 대상으로 하나요?

히로 : 가장 많이 거래되는 것은 **금리**입니다. 특히 **금리스왑**은 파생상품 중에서도 활발한 거래가 이루어지고 있습니다.

루나 : 금리는 돈을 빌리거나 빌려줄 때 주고받는 이자 아닌가요?

히로 : 금리에는 **고정금리**와 **변동금리**가 있다는 것도 알고 있겠죠? 5년 동안 돈을 빌린다고 가정해 봅시다. 고정금리는 처음에 금리를 3%로 정하고 5년 동안 쭉 동일하게 지불합니다. 이에 반해 변동금리는 6개월 정도마다 금리를 바꾸는 것을 말합니다.

루나 : 금리를 바꾼다는 건 빌려주는 사람 마음대로 금리를 올리기도 한다는 건가요?

히로 : 그런 일이 생기면 공평하지 않으니까 금리 변경 방법을 미리 정해둡니다. 일반적으로는 해당 시점의 LIBOR라는 지표금리를 기준으로 금리를 정합니다.

변동금리의 기준이 되는 매우 중요한 요소, LIBOR

루나 : '리보'라고 하는 건가요?

히로 : London Inter-Bank Offered Rate의 약자입니다. **런던 은행 간 예금 금리**를 말합니다.

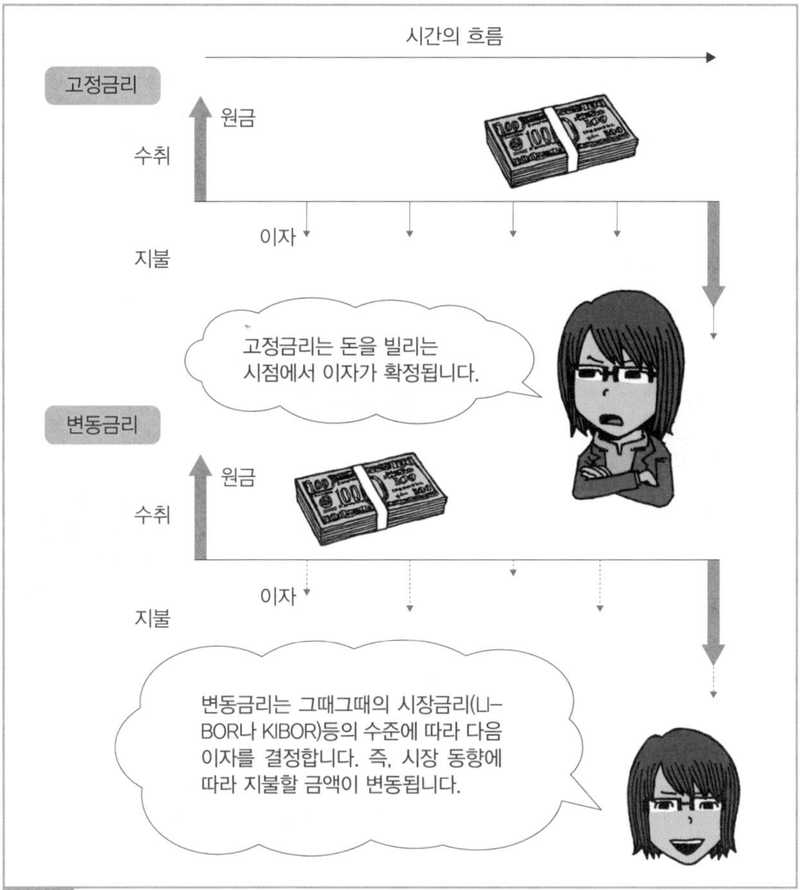

그림 6 고정금리와 변동금리

예금이라고 하면 일반 예금자가 은행에 돈을 맡기는 그림을 상상하겠지만, 실은 은행 사이에도 비교적 단기간에 걸친 예금 거래가 이루어지고 있고, 이를 은행 간(인터뱅크) 예금시장이라고 합니다. 그 금리는 시시각각 변동되는데, 매일 일정한 방법으로 거래의 지표가 되는 금리 수준이 공표됩니다. 이를 LIBOR라고 합니다. 보통 1년 이내에 상환되는 거래의 금리를 **단기금리**라고 하는데, LIBOR가 바로 대표적인 단기금리 중 하나입니다.

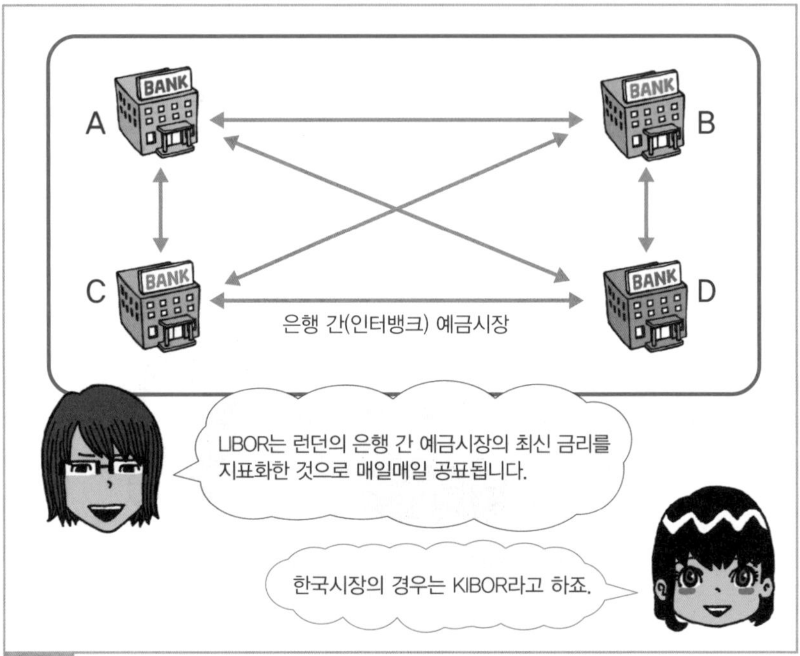

그림 7 LIBOR? KIBOR?

고정금리를 원하는 사람과 변동금리를 원하는 사람 사이의 교환 니즈 발생

루나 : 그런데 왜 런던인가요? 한국 원화의 금리도 런던에서 결정되나요?

히로 : 런던의 은행 간 예금시장이 크기 때문이에요. 한국 원화를 포함한 다양한 통화의 거래가 이루어지고 있죠. 물론 이러한 거래는 런던 이외의 곳에서도 이루어지고 있습니다. 예를 들어 한국의 은행 간 예금 금리는 한국의 영어 표기 K를 따서 KIBOR(Korea Inter-Bank Offered Rate)라고 합니다.

루나 : '키보'라고 하는군요. 즉, 변동금리는 그때그때의 최신 단기금리를 적용하는 거네요.

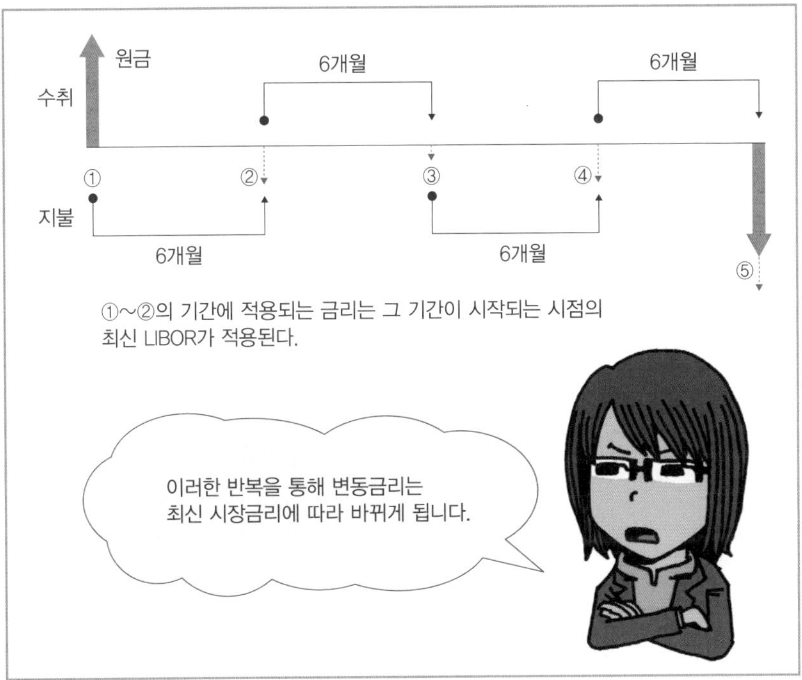

그림 8 변동금리의 현금흐름

최신 단기금리가 높아지면 적용되는 거래 금리도 높아지니까 리스크도 커지겠죠?

히로 : 은행을 기준으로 보면, 은행은 언제든지 LIBOR나 KIBOR로 자금을 빌리고 빌려줄 수 있습니다. 그렇기 때문에 실제로 LIBOR나 KIBOR는 은행 입장에서는 리스크가 없는 금리입니다. 오히려 고정금리에 리스크가 있습니다.

루나 : 금리가 고정되어 있는데 리스크가 있다는 건가요?

히로 : 고정금리는 거래를 개시할 때 앞으로 5년 동안 동일한 금리를 주고받기로 정하는 것이라고 했습니다. 고정금리를 지불하는 입장에서는 고정금리가 3%로 정해진 후에 금리가 내려갔다면 지금 2%로 거래할 수 있는 상태가 되었어도 이미 약속한 내용을 바꿀 수 없습니다.

금리가 내려간 후에 계약했다면 2%×5년은 10%만 지불하면 되지만, 금리가 내려가기 전에 계약했기 때문에 3%×5년, 즉 15%를 지불해야 합니다. 따라서 계약이 끝난 후에 금리가 내려가는 경우에 리스크가 있다고 보는 것입니다. 금리를 받는 입장에서는 어떤 리스크가 있을까요?

그림 9 고정금리의 리스크

루나 : 지금 계약했다면 5년 동안 4%의 금리를 받을 수 있었는데, 3%를 받는 계약을 한 후에 금리가 올라버렸으니 계약은 바꿀 수 없습니다. 다시 말해 계약이 끝난 후에 금리가 오르는 경우에 리스크가 있는 것 아닌가요?

히로 : 맞습니다. 다만 금리 리스크를 바라보는 관점은 입장에 따라 바뀝니다. 지금 설명한 것은 은행 입장이었어요. 일반 기업이라면 다른 관점에서 볼 수도 있습니다. 예를 들어 설비투자계획을 세운다고 가정해 봅시다. 공장을 세우고 기계를 설치하여 미래의 매출로 그 비용을 충당하려고 합니다. 그동안 필요한 자금을 은행에서 차입하는 경우 금리가 변동되는 것보다 고정되어 있는 편이 이자 금액을 확정할 수 있어 설비투자 계획을 세우기가 수월합니다. 이처럼 장기적인 사업 계획에서 필요한 자금은 고정금리가 유리한 경우도 있습니다. 여기서 금리스왑이 기능을 하게 됩니다.

루나 : 변동금리가 유리한 사람과 고정금리가 유리한 사람이 서로 금리를 교환하는 건가요?

히로 : 그렇습니다. 변동금리와 고정금리를 교환하는 거래인 금리스왑을 통해 자신에게 유리한 금리를 선택할 수 있습니다.

루나 : 금리를 교환하니까 금리스왑이라고 하는군요.

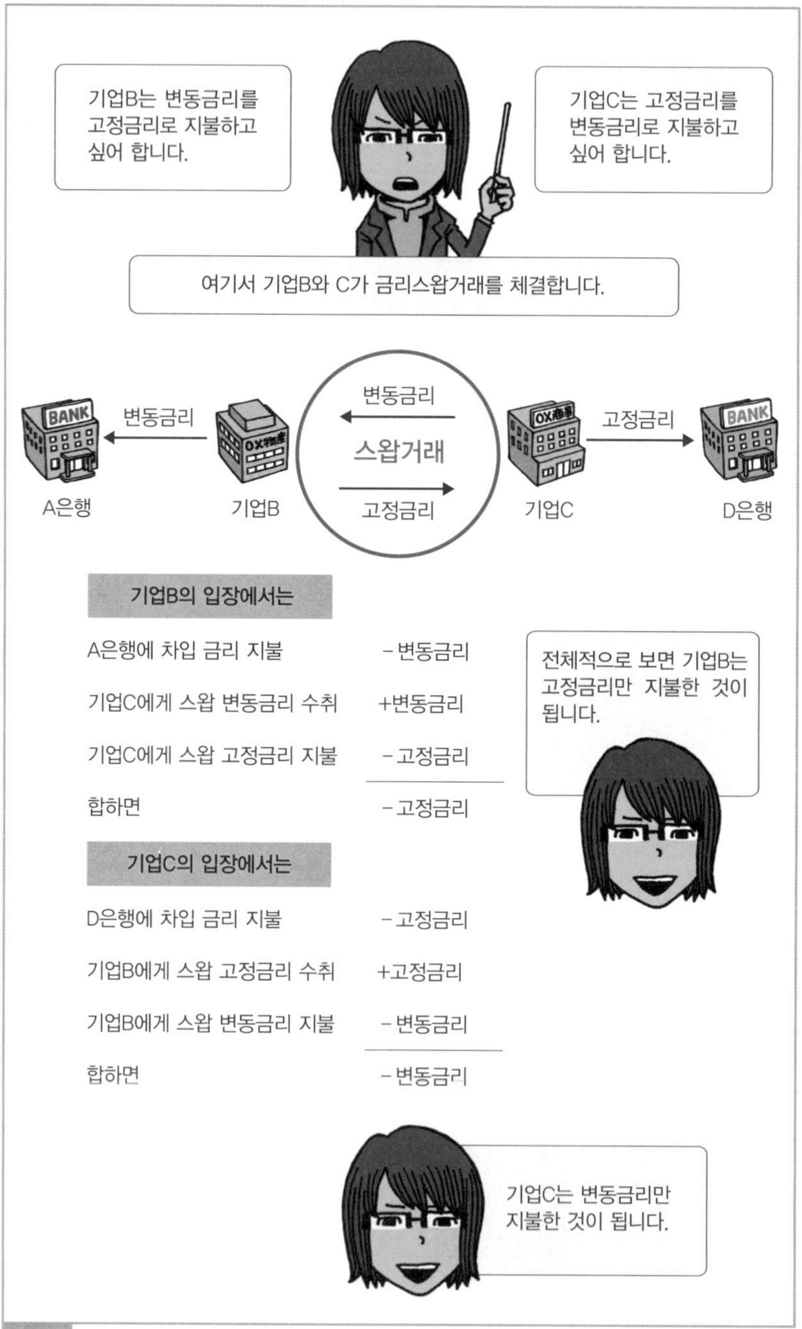

그림 10 금리 리스크와 교환 니즈

2-4 환

선도외환(포워드환)은 환을 대상으로 한 대표적인 파생상품

루나 : 금리 다음으로는 어떤 것이 파생상품의 대상이 되나요?

히로 : **환**도 대표적인 대상입니다.

루나 : 원화를 팔아 달러를 사거나 혹은 그 반대의 거래 아닌가요?

히로 : 정확하게는 **외국환거래**라고 합니다. 서로 다른 통화를 교환하는 거래입니다. 한국에서는 달러와 원화를 거래하는 경우가 일반적이지만, 세계적으로는 유럽의 단일 통화인 유로와 달러를 교환하는 거래가 많습니다.

루나 : 환과 관련된 파생상품에는 어떤 것이 있나요?

히로 : 환을 선일자로 거래하면 지금 수중에 없는 외화를 거래할 수 있습니다. 선일자 거래는 지정 날짜가 되어 실제 금액을 주고받는 거래입니다. 예를 들어 3개월 후에 달러를 팔고 원화를 사는 계약을 했다고 합시다. **계약 시점에는 단지 약속만 하니까 달러를 가지고 있지 않아도 됩니다.** 3개월 후에 원화를 받는 대신 상대방에게 달러를 줘야 하므로 그때까지만 달러를 준비해 두면 됩니다. 일종의 예약 거래인 셈이죠. 이를 **선도외환거래**라고 합니다. **포워드환거래**라고도 해요. 이것도 파생상품 거래의 일종입니다.

루나 : 선도외환거래는 누가 주로 이용하나요?

히로 : 수출업자를 떠올려 봅시다. 한국 국내에서 제품을 만들면 당연히 비용은 원화로 들겠죠?

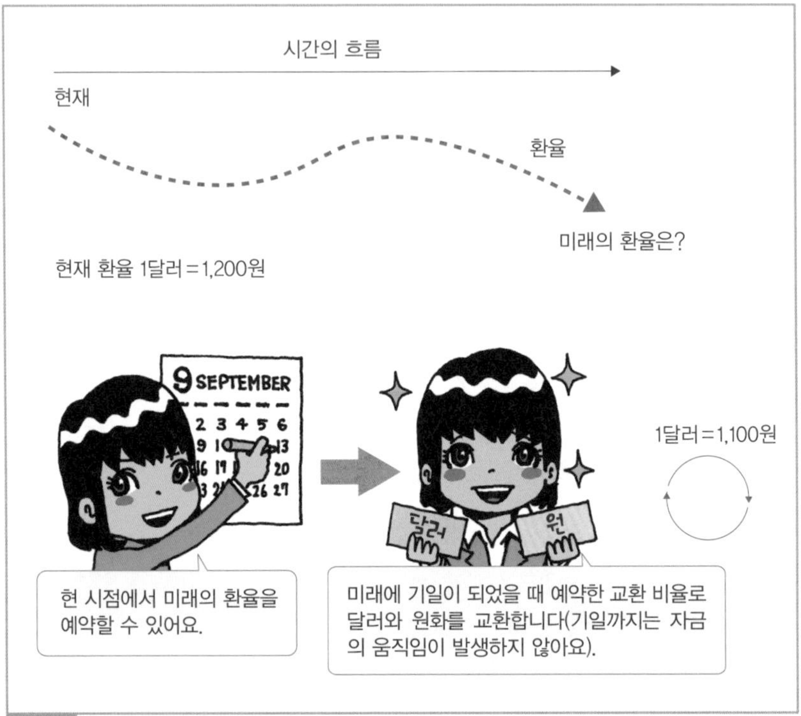

그림 11 선도외환(포워드환)

그렇게 만들어진 제품을 미국에 수출하면 매출은 달러로 들어오게 됩니다.

루나 : 제조 비용과 매출이 다른 통화가 되네요.

환율이 내려가면 원화급등, 올라가면 원화급락이 된다

히로 : 여기서 잠깐 **환율**에 대해서 확인하고 넘어가죠.

루나 : 뉴스에서 원달러가 1,200원이라고 하던 걸 들은 적이 있어요.

히로 : 그럼 환율이 1달러 1,200원에서 1,100원이 되면 뭐라고 할까요?

루나 : 원이 싸졌으니까 원화급락 아닌가요?

원달러 환율 1,200원이란……
1달러＝1,200원이라는 의미
1,200원이라는 비율은 달러의 가치를 원으로 나타낸 것

바나나 1개 500원 ⇒ 600원이 되면 바나나 가격이 오른 것이다.
1달러 1,100원 ⇒ 1,200원이 되면 달러 가치가 오른 것이다.
↓
달러 강세
(달러 강세를 원의 입장에서 바꿔 말하면 원화급락이 된다)

1,100원 ⇒ 1,200원 …… 원화급락
1,100원 ⇒ 1,000원 …… 원화급등

그림 12 원화급등과 급락

히로 : 환율에는 여러 가지 정해진 규칙 같은 것이 있는데, 예를 들어 **원달러 환율은 1달러를 몇 원으로 교환할 수 있는지**를 나타내는 교환 비율입니다. 그러니까 원달러가 1,100원이라는 것은 1달러가 1,100원의 가치를 갖는다는 의미입니다. 다시 말해 **원으로 표시한 달러의 가치**라고도 할 수 있어요. 교환 비율이 1,100원에서 1,000원으로 내려가면 달러의 가치가 내려간 것이므로 **달러 약세**가 됩니다. 달러가 약화된 상대가 원화이므로 원화의 입장에서 보면 원화가 높아진 것이 됩니다. 즉, **원화급등**이 되는 거죠.

루나 : 음, 엔달러의 교환 비율이 낮아지면 원화급등이군요. 그럼 반대로 교환 비율이 높아져서 1,200원이 되면 원화급락인가요?

수출업자는 원화급등 리스크를 회피하기 위해 포워드 환을 이용한다

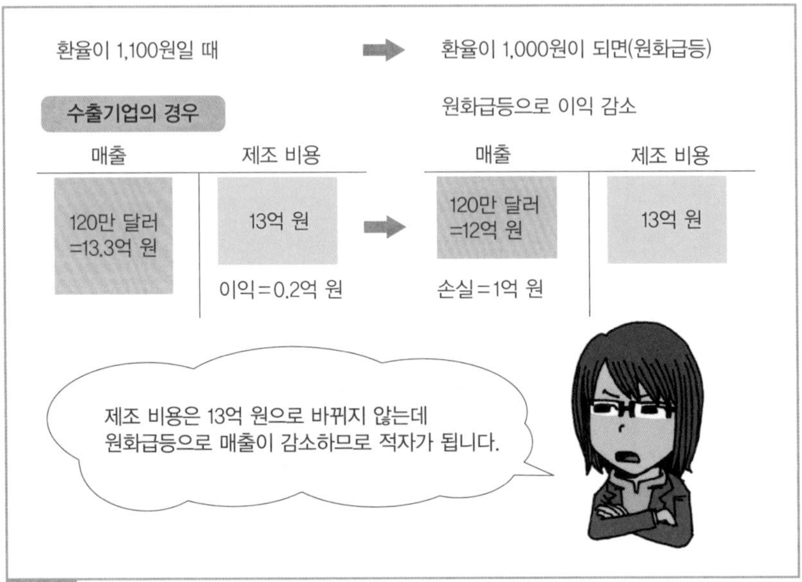

그림 13 원화급등(환) 리스크를 안고 있는 수출업자

히로 : 맞습니다. 다시 본론으로 돌아가서 수출업자 입장에서는 원화급등이 불리할까요, 원화급락이 불리할까요?

루나 : 음, 원화급등이 되면 교환 비율이 낮아져서 매출 1달러당 1,100원에서 1,000원으로 감소하니까 원화급등이 되면 불리하지 않을까요?

히로 : 정답입니다. 수출업자는 원화급등 리스크를 안고 있어요. 따라서 수출을 통한 매출이 기대되는 3개월 후나 6개월 후에 기일을 맞이하는 선도거래를 통해 미리 달러를 파는 약속을 해둡니다. 거래 교환 비율은 거래한 시점에 정해지므로 이후 원화급등이 된다고 해도 상관없겠죠.

루나 : 그렇게 원화급등 리스크를 회피하는 거군요.

히로 : 반대로 수입업자는 해외 원재료나 제품을 수입하여 국내에서 판매합니다. 수입이 달러 표시라면 비용은 달러로 지불하고 매출은 원화로 받게 됩니다.

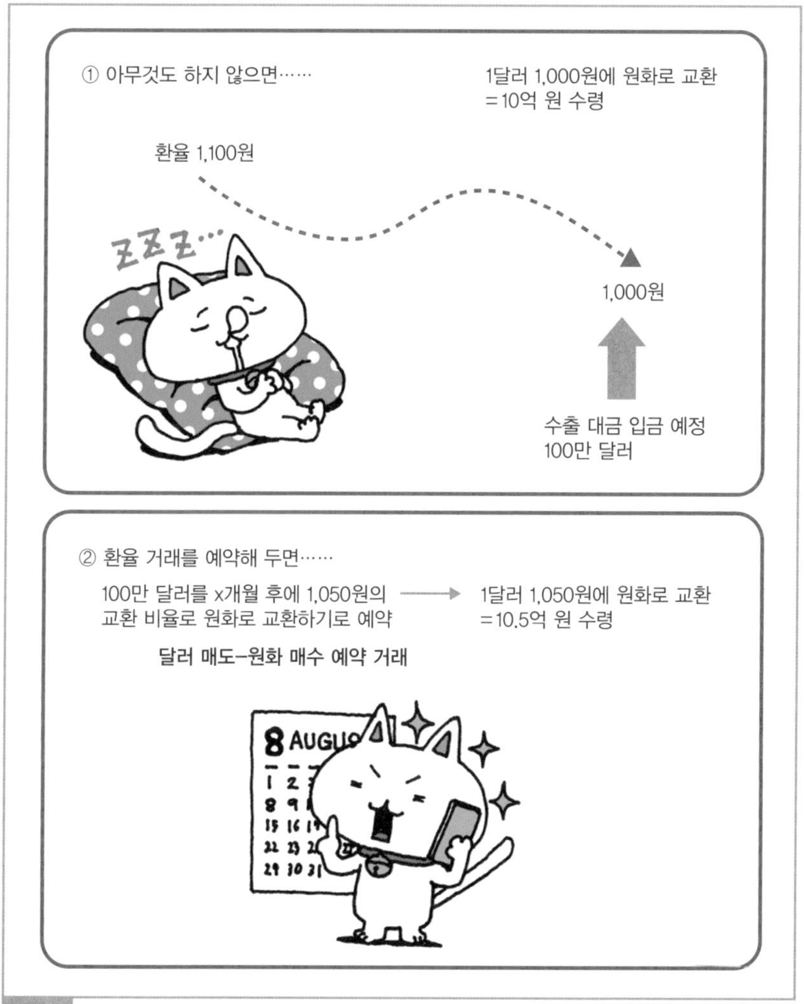

그림 14 수출업자의 환리스크 회피

수입업자에게는 수출업자와 정반대의 니즈가 있다

루나 : 수출업자와 반대네요. 그럼 원화급락 리스크를 안고 있는 건가요?

히로 : 그렇습니다. 원화급락 리스크를 회피하려면 포워드환을 통해 달러를 사 두면 됩니다.

루나 : 포워드환을 통해 원화급등 리스크 혹은 원화급락 리스크 등 환율 변동으로 인한 리스크를 회피할 수 있는 거군요.

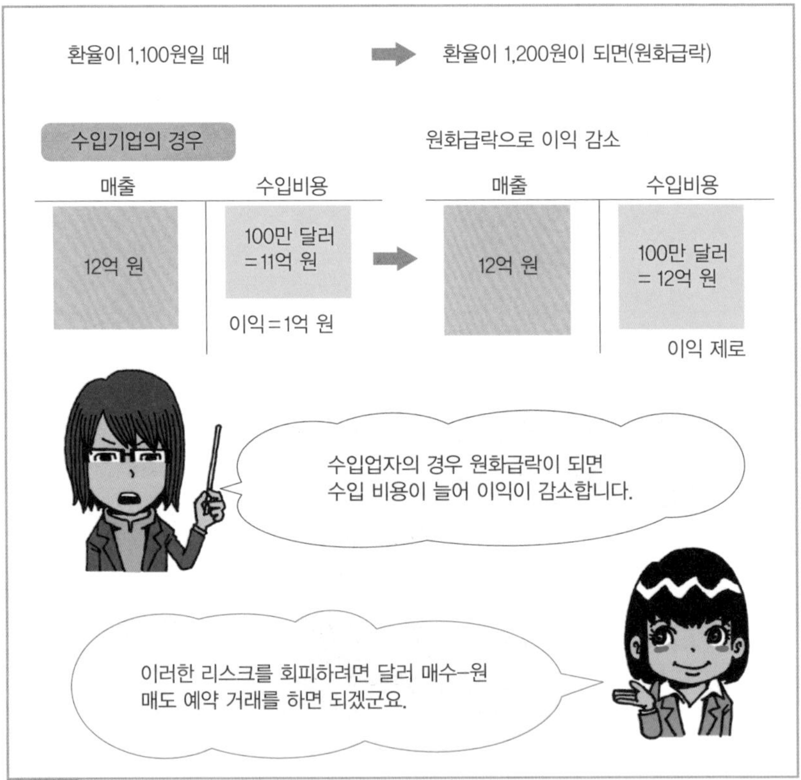

그림 15 원화급락(환) 리스크를 안고 있는 수입업자

2-5 주식, 상품, 신용

주식이나 상품을 대상으로 한 파생상품

루나 : 그 밖에도 다양한 파생상품의 대상이 있을 것 같아요. **주식**도 대상이 되나요?

히로 : 주식도 파생상품의 대상으로 많이 거래됩니다. **코스피평균선물**이라고 들어 본 적 있을 거예요. 코스피평균선물은 주식을 원자산으로 한 대표적인 파생상품입니다. 장외파생상품으로도 주식을 원자산으로 한 옵션이나 스왑거래가 이루어지고 있습니다. 파생상품의 역사에서 잠깐 살펴본 곡물 등 **농산품, 원유, 귀금속** 등도 대상이 됩니다. 이를 **상품(commodity) 파생상품**이라고 합니다. 파생상품에서 상품이라는 단어를 사용할 때는 금리, 환, 주식 등 **금융상품 이외의 일반상품**을 의미합니다. 특이점으로는 **기업의 도산**을 거래하는 파생상품도 있습니다.

기업의 도산을 대상으로 한 신용 파생상품

루나 : 기업의 도산을 어떻게 거래하나요?

히로 : 자세한 구조는 나중에 설명하겠지만, 간략히 말하면 어느 특정 기업이 도산할 경우 보상금을 받을 수 있는 거래입니다. 이를 **신용(credit) 파생상품**이라고 합니다. 보험을 들었다고 상상하면 이해하기 쉬울 거예요. 그 밖에 **날씨나 재해**를 대상으로 한 파생상품도 있습니다.

날씨와 관련한 **날씨(weather) 파생상품**은 특정 장소에서 평균 기온이 일정 수준을 웃돌았을 때나 비가 내렸을 때 일정 금액을 받을 수 있는 거래를 말합니다. 재해는 사례가 적지만 지진이 일어났을 때 보상금을 받을 수 있는 거래입니다.

루나 : 그건 지진 보험이랑 비슷하지 않나요?

히로 : 이쯤 되면 보험과 파생상품의 경계가 애매해집니다.

루나 : 어쨌든 니즈가 있는 곳에 파생상품이 생긴다고 보면 되겠네요.

금리	금리스왑, 금리선물, 금리옵션 등
환	선도외환, 통화스왑, 통화옵션 등
주식	주가지수선물, 주식옵션(Equity Option, 주식을 원자산으로 하는 옵션), 주식스왑(Equity Swap, 주가와 연동하여 변동하는 현금흐름을 교환 대상으로 하는 스왑) 등
신용력	신용 파생상품
날씨	날씨 파생상품
비금융상품 (원유, 귀금속, 곡물 등)	상품 파생상품
재해(지진 등)	CAT(재해) 파생상품

각각의 원자산은 스왑, 옵션 등 다양한 파생상품으로 거래가 가능하다.

그림 16 다양한 원자산

COLUMN

은행에 취직한 로켓 공학자

파생상품 이론의 발전에는 많은 물리학자와 공학자의 공헌이 있었습니다. 옵션 가격(프리미엄)을 산출하는 공식인 블랙 숄즈 모형(Black Scholes model)의 개발에 참여한 마이런 숄즈와 로버트 머튼이 노벨경제학상을 수상한 이야기는 본문 3장에도 소개되어 있습니다. 그들은 연구자이자 LTCM(Long Term Capital Management)이라는 헤지펀드의 임원을 역임하기도 했습니다. 또 한명의 참여자인 피셔 블랙은 명문 투자은행인 골드만삭스에서 근무한 경력이 있습니다.

그 밖에도 NASA(미국항공우주국)의 로켓 공학자들이 금융기관으로 전직하여 파생상품 개발에 참여한 사례가 많습니다. 이처럼 연구소나 대학, 금융기관을 오가는 미국의 자유로운 전직 문화가 파생상품의 발전에 공헌한 바가 크다고 할 수 있습니다.

미국에서는 금융기관, 특히 투자은행이나 헤지펀드의 보수가 상당히 높아서 연구자들이 금융기관에서 자신의 이론을 실천할 수 있을 뿐만 아니라, 그 이론으로 큰돈을 버는 것도 가능한 환경이 마련되어 있습니다. 그리고 이러한 환경이 금융업계에 혁신을 가져옵니다.

'로켓 공학자를 고용하여 파생상품을 개발하는 미국의 금융기관은 당해낼 수 없다'고 말하는 금융 관계자들도 많습니다. 물론 새로운 이론이나 옵션 계산 모형을 개발하는 일은 누구나 할 수 있는 일이 아닙니다. 그러나 블랙 숄즈 모형이 그러하듯 일반인들이 자유롭게 활용할 수는 있습니다. 바로 그 점이 오늘날 파생상품을 이만큼 발전하게 한 주된 배경입니다.

2-6 선물거래

선물거래는 거래소에서 이루어지는 선일자 거래

루나 : 이제 거래 종류에 대해서도 좀 더 구체적으로 알고 싶어요. 지금까지 선물거래, 선도거래, 스왑거래, 옵션거래 등이 등장했습니다.

히로 : 그럼 먼저 **선물**부터 살펴봅시다. **선물거래(future trading)**는 선일자로 결제가 이루어지는 거래 중에서 거래소에서 거래되는 것이라고 했습니다. 반대로 거래소 밖에서 거래 상대를 찾아 개별적으로 계약을 맺는 **선도거래(forward contract)**도 있었죠.

루나 : 선일자로 거래가 이루어지므로 실제로는 돈을 지불하지 않아도 주식을 산 것으로 하거나 주식을 가지고 있지 않아도 판 것으로 하여 **주가의 등락으로 발생하는 손익만을 주고받는 거래**였어요.

증거금을 납입하면 그 몇 배의 거래가 가능하다

히로 : 맞습니다. 거기까지는 선물과 선도의 효과가 동일합니다. 단, 선물의 경우는 거래 할 때 **증거금(margin)**을 내야 합니다. 선물거래로 손실이 발생한 경우, 손실분이 반드시 청산될 수 있도록 미리 맡겨 두는 담보금과 같은 역할을 합니다. 선물은 돈이 없어도 거래가 가능하다고 했지만 증거금은 반드시 필요합니다. 증거금의 금액은 통상적으로 거래 매매대금보다 아주 적은 금액이므로 거래 금액을 준비하지 않아도 거래 가능한 성질은 유지됩니다. 이와 같이 실제로 투자하는 돈보다 크게 거래하는 것을 **레버리지(leverage)**라고 합니다.

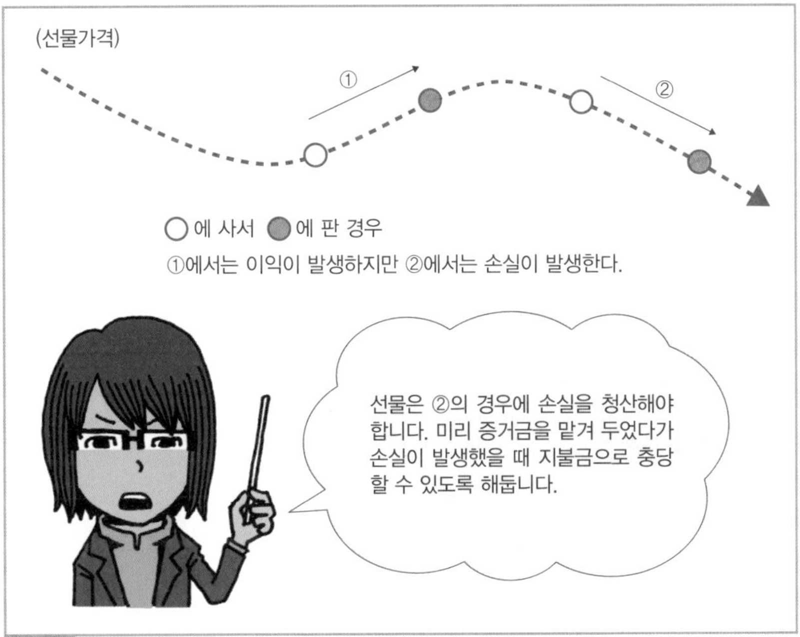

그림 17 선물과 증거금

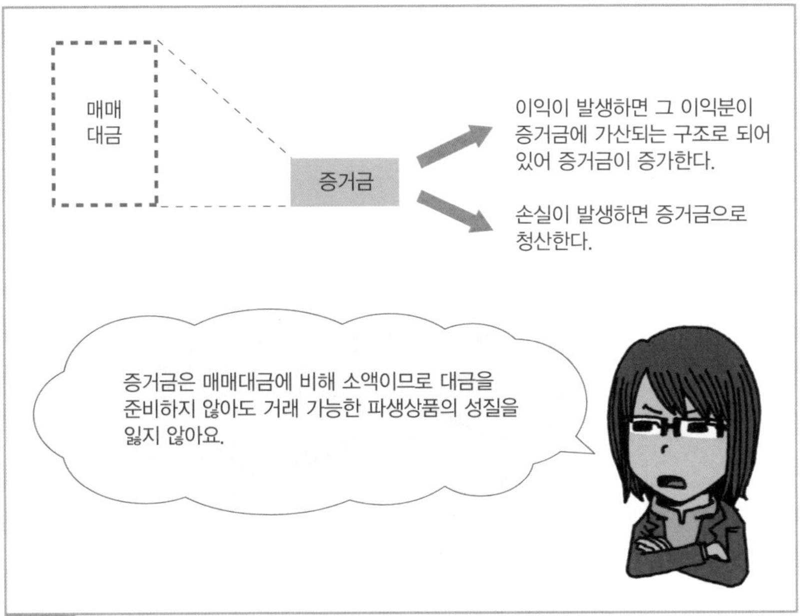

그림 18 증거금의 증감

루나 : 레버리지는 무슨 뜻인가요?

히로 : 레버리지는 '지렛대'를 말합니다. 지렛대로 힘을 증폭시키는 모습에서 따온 용어입니다. 예를 들어 증거금 100만 원을 납입하여 1,000만 원 상당의 거래를 하는 경우, '레버리지는 10배'라고 표현합니다.

루나 : 만약 손실이 불어나서 증거금으로 메울 수 없게 되면 어떻게 되나요?

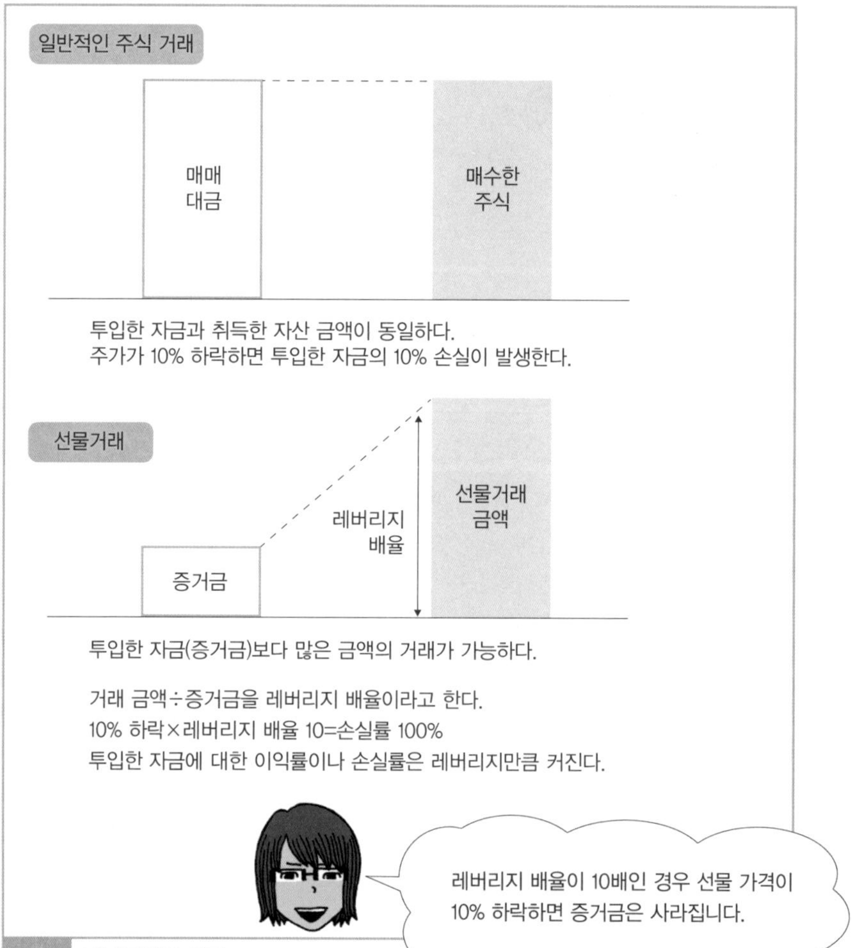

그림 19 레버리지의 의미

히로 : 손실이 불어나면 증거금 부족이 발생하지 않도록 **추가증거금**을 내거나 그게 싫으면 나중에 설명할 **반대매매**를 통해 거래를 종료시킵니다.

루나 : 손실이 발생하더라도 손실분 지불에 지장이 없게 하는 구조로 되어 있군요.

히로 : 그렇습니다. 이 제도 덕분에 많은 투자가가 참여해도 거래 결제가 원활하게 이루어집니다. 그래서 선물은 참여자가 많고 거래도 매우 활발합니다. 대표적인 선물거래로 **주가지수선물거래** 외에 국채를 원자산으로 하는 **채권선물**, 은행 간 예금 금리를 원자산으로 하는 **금리선물** 등이 있습니다. 대표적인 예로 주가지수선물거래의 구조를 자세히 살펴봅시다.

한국	코스피 평균선물 채권(한국국채)선물 금리(KIBOR)선물 등
해외	S&P500(미국주가지수)선물 T-Bond(미국장기국채)선물 TOPIX(도쿄주가지수)선물 달러 금리(LIBOR)선물 등 그 밖에도 각국에서 다양한 선물이 거래되고 있다.

그림 20 대표적인 선물

주가지수선물의 개요

주가지수란 주식 시장의 가격 동향을 한눈에 파악할 수 있도록 지수화한 것이다

우리나라에는 대표적으로 **코스피평균주가(코스피200)**가 있다. 코스피200은 우리나라의 대표적인 기업 200개 사의 **주가를 단순 평균**한 것이다. 시가총액이란 기업이 발행한 총 주식 수에 그 주식의 시가를 곱한 것을 말한다. 기업이 발행하는 모든 주식을 취득하면 그 기업의 지배권을 완전히 장악할 수 있으므로 시가총액은 기업의 가치나 다름없다고 할 수 있다.

주가지수선물은 주가지수를 선일자로 매매하는 거래를 말한다

기일은 월 단위로 정해져 있는데, 이를 **한월(限月)**이라고 한다. 예를 들어 3월에 기일이 오는 거래는 '3월한'이라고 한다. 선물 가격은 주가지수와 거의 연동하여 움직이게 되어 있으므로 선물을 산 경우,

주가지수가 오르면 선물 가격도 오르므로 그 시점에 샀던 선물을 팔아 가격 상승의 이익을 얻을 수 있다. 이와 같이 샀던 것을 팔거나 팔았던 것을 사는 것을 **반대매매**라고 한다. 그리고 (판 가격)-(산 가격)의 차액만을 결제한다. 이를 **차액결제**라고 한다.

반대매매를 하지 않고 기일이 되었다면 어떻게 될까

실제로는 기일이 도래하기 직전에, 사거나 판 상태 그대로인 거래를 모두 일정 가격에 반대매매한 것으로 간주하여 일괄 청산이 이루어진다(특별청산). 따라서 주가지수거래는 기일이 도래하여 본래의 매매 대금이나 주식을 주고받는 것은 아니다.

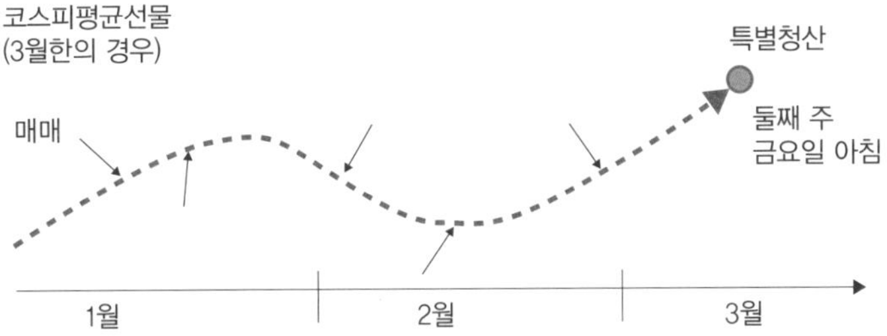

3월한이란 3월에 기일을 맞이하는 것을 말한다.
(3월한, 6월한, 9월한, 12월한 등이 있다)

선물은 기일 전에 반대매매를 하면 손익만을 청산하면 된다.

특별청산
반대매매를 하지 않은 경우 3월 둘째 주 금요일 아침 일찍, 일정한 방법을 통해 계산한 코스피평균주가로 반대매매를 한 것으로 간주하여 청산 금액이 확정된다.

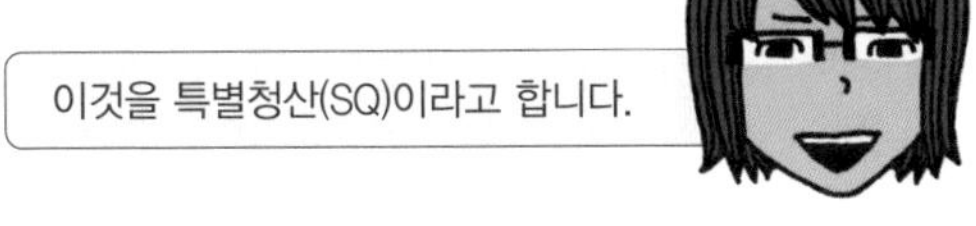

그림 21 주가지수선물거래의 예

2-7 선도거래

당사자 간에 이루어지는 선일자 거래

히로 : 선물거래에는 환을 원자산으로 한 **통화선물**도 있지만, 환의 경우에는 선도거래가 일반적인 거래 형태입니다.

루나 : 선도거래는 거래소가 아니라 거래 상대와 직접 거래하는 형태였죠.

히로 : 맞습니다. **선도외환거래**가 대표적이고, 은행 간 예금 금리를 대상으로 한 **금리선도거래(FRA, Forward Rate Agreement)**도 활발하게 이루어지고 있습니다. 여기서는 대표적인 예로 선도외환(포워드환)의 사례를 살펴봅시다.

포워드환의 개요

[사례]

수출업자 A사는 3개월 후에 100만 달러 상당의 수출 대금 회수를 기대하고 있다. 그래서 B은행을 상대로 100만 달러를 팔고 대신에 원화를 받는 포워드환거래를 계약한다. 현재 환율이 1달러=1,000원이라면 선일자 거래의 교환 비율은 이 교환 비율을 기준으로 계산된 선일자 거래용 비율, 예를 들어 1달러=990원 수준으로 결정된다. 실제로 수출 대금을 회수하여 기일에 B은행에 지불(100만 달러)하고 대신에 원화(100만 달러×990=9.9억 원)를 받는다.

2-8 금리스왑

금리스왑은 주로 은행이 금리 리스크를 회피하기 위해 이용한다

루나 : 금리스왑의 구조는 어느 정도 알겠는데, 실제 거래는 어떻게 이루어지나요?

히로 : 금리스왑은 가장 활발하게 거래되는 파생상품입니다. 기업도 많이 이용하지만 실제로 금리스왑을 가장 필요로 하는 곳은 은행입니다. 먼저 **은행의 업무**를 간략하게 설명해 볼까요?

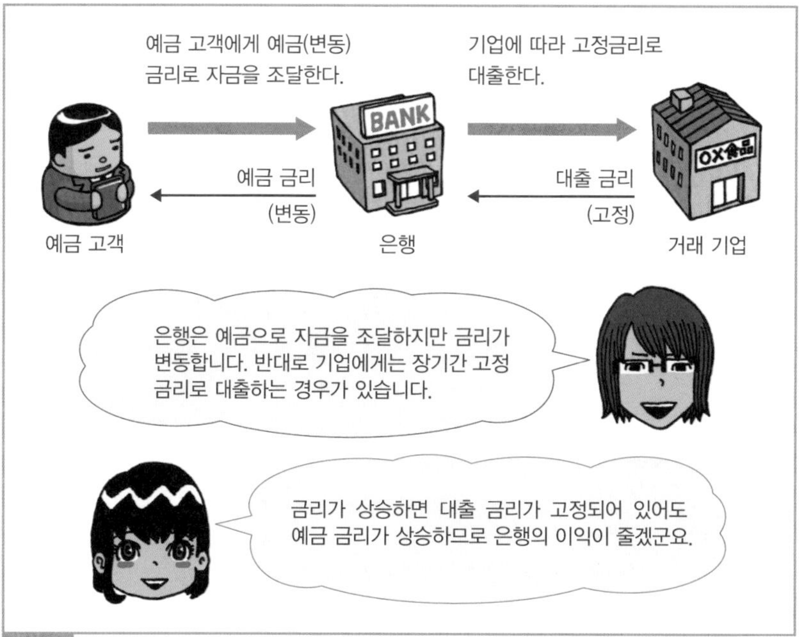

그림 22 은행과 금리의 관계

루나 : 은행은 많은 고객들의 예금을 보관하는 역할을 해요. 은행 입장에서 보면 예금자로부터 자금을 조달하는 셈이죠. 이 자금을 이용하여 기업 등에 대출을 해주는 것이고요.

히로 : 그렇습니다. 여기서 문제는 금리가 변동했을 때 은행 수익에 주는 영향입니다. 다양한 종류의 예금이 있지만, 예금 금리는 기본적으로 그때그때의 금리 수준에 따라 결정되기 때문입니다.

루나 : 보통예금 금리는 거의 제로에 가까운 미미한 수준 아닌가요?

금리 수준은 한국은행의 금융 정책에 따라 변동한다

히로 : 왜냐하면 현재 **금리 수준**이 매우 낮기 때문이죠. 막연하게 금리 수준이라고 말했지만, 기본적으로는 **은행 간 자금을 대차하는 자금 시장의 거래에 따라 결정**됩니다. 예금 금리도 이러한 시장금리의 수준을 기준으로 결정되는 구조로 되어 있습니다. 참고로 **한국은행**이라는 특수한 은행이 자금 시장에서는 큰 영향력을 가지고 있습니다. 따라서 이 자금 시장의 금리 수준은 한국은행의 의향을 반영하여 결정된다고도 할 수 있습니다.

루나 : 한국은행은 **지폐를 인쇄하는 은행**이니까 다시 말해 **중앙은행**이죠?

히로 : 중앙은행은 지폐 인쇄 외에 **금융 정책의 책임**을 지닌 존재이기도 합니다. 금융 정책이란 금리 수준을 조정하여 경제 활동을 안정시키는 정책을 말합니다. 경제 활동이 너무 활발해져 물가 상승 우려가 높아지면 한국은행은 금리를 높은 수준으로 유도합니다. 이를 통해 경제 활동의 과열을 억제할 수 있습니다. 금리 수준이 오르면 은행은 예금 금리를 인상할 수밖에 없습니다.

루나 : 예금은 은행 입장에서 자금을 조달하는 수단이니까 자금을 조달하는 비용이 오른다는 거군요.

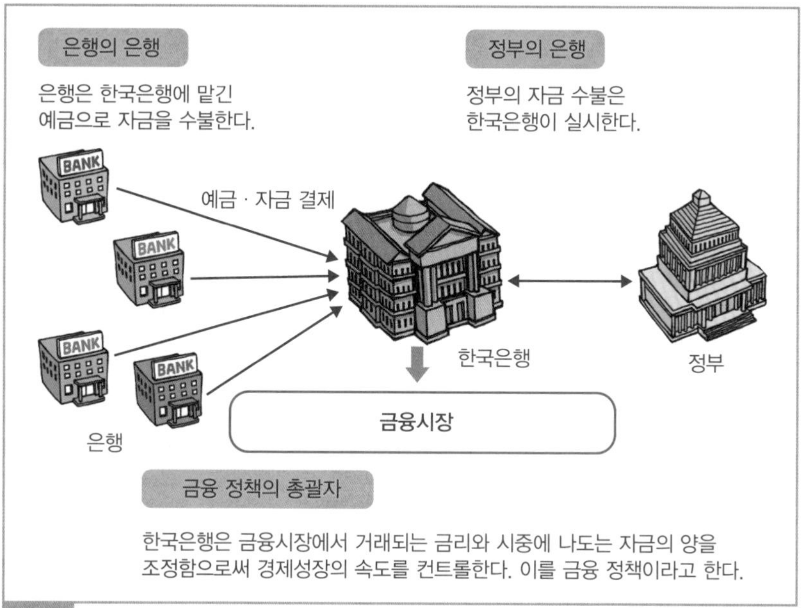

그림 23 중앙은행의 역할

금리가 상승하면 은행의 이익은 감소한다

히로 : 반대로 기업을 대상으로 하는 대출 등은 5년 동안 돈을 빌려주고 그 기간 동안에는 금리가 쭉 바뀌지 않는 계약이 이루어지기도 합니다.

루나 : 고정금리죠?

히로 : 맞습니다. 따라서 금리 수준이 오르면 자금을 조달할 때의 비용인 예금 금리는 오르지만 대출 금리는 고정되어 있어 오르지 않는 경우가 생깁니다.

루나 : 즉, 금리 상승 시에 이익이 줄어드니까 금리 상승 리스크가 되는군요.

히로 : 이러한 리스크를 회피하기 위해 은행이 활용하는 것이 **금리스왑**입니다.

앞서 금리스왑은 고정금리와 변동금리를 교환하는 거래라고 했어요. 다음 예시의 경우, 은행은 고정금리를 지불하고 변동금리(LIBOR 등)를 받는 금리스왑을 체결하면 됩니다. 금리가 올라도 이 거래의 지불은 고정금리이므로 증가하지 않지만 수취하는 변동금리는 금리 수준의 상승에 따라 증가하므로 이익이 발생합니다.

금리스왑의 개요

○ 다음과 같은 조건으로 거래된다.

- 상정 원금 100억 원(원금 금액은 금리를 계산하기 위해서만 사용된다)
- 기간 5년
- A은행의 지불 : 6개월마다 100억 원$\times$3%$\times\frac{6}{12}$=1억 5,000만 원
- A은행의 수취 : 6개월마다 100억 원$\times$그때그때의 LIBOR$\times\frac{6}{12}$=금액은 변동

리스크 헤지의 목적은 어떤 상황에서도 이익을 안정시키는 것이다

루나 : 금리가 상승하면 예금과 대출의 조합으로 얻을 수 있는 이익은 줄지만, 대신 금리스왑거래를 통해 이익이 발생하니까 서로 상쇄되겠네요. 그럼 반대로 금리가 내려간 경우는 어떻게 되나요?

히로 : 현재 한국의 예금 금리는 지금 이상으로 내려가긴 어렵겠지만, 예금 금리가 좀 더 높은 수준이고 크게 내려갈 가능성도 있다는 전제로 가정하여 생각해 봅시다. 이러한 경우 금리 저하로 인해 예금 금리도 내려가므로 은행의 자금 조달 비용이 줄어듭니다. 하지만 고정금리로 대출해 준 경우, 대출로 받을 수 있는 금리는 변하지 않으므로 이익이 증가합니다. 반대로 고정금

리를 지불하고 변동금리를 받는 금리스왑을 체결하면 금리 저하로 인해 손실이 발생하므로 마찬가지로 서로 상쇄됩니다.

루나 : 이익을 포기한다는 거네요. 그럼 거래할 의미가 없지 않나요?

히로 : 리스크를 회피한다는 것은 **이익의 기회를 포기**하는 것이기도 합니다. 관점을 한번 바꿔보세요. 금리스왑을 통해 이 은행은 금리가 올라도 내려도 일정한 이익을 확보할 수 있습니다. 금리가 내렸을 때를 생각하면 왠지 불리한 것 같지만 그것이 리스크 헤지입니다.

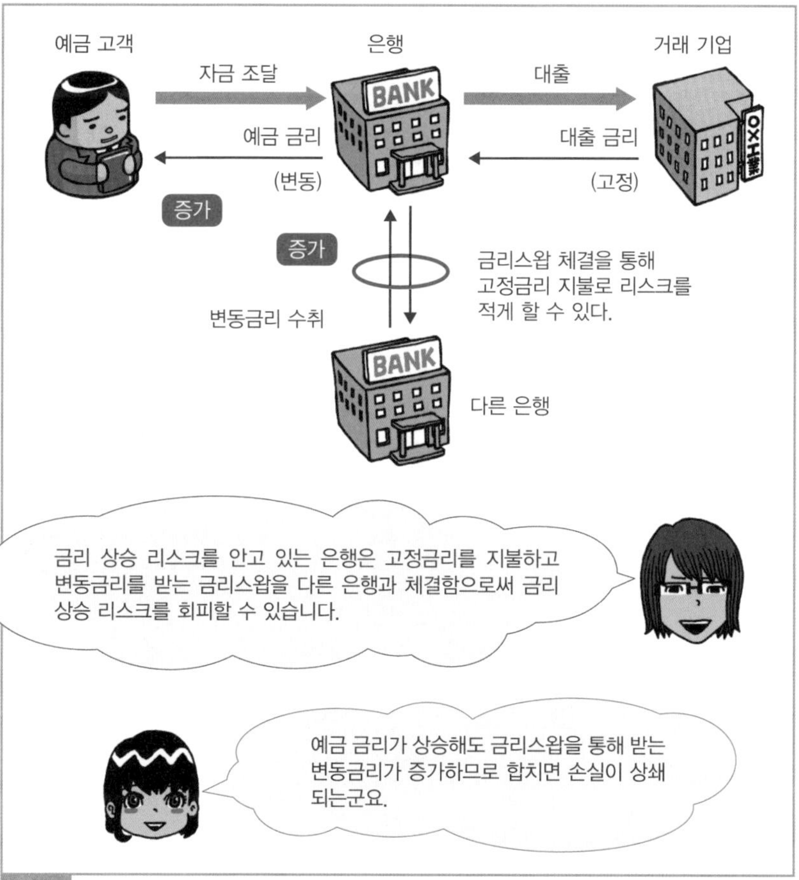

그림 24 금리스왑의 이용

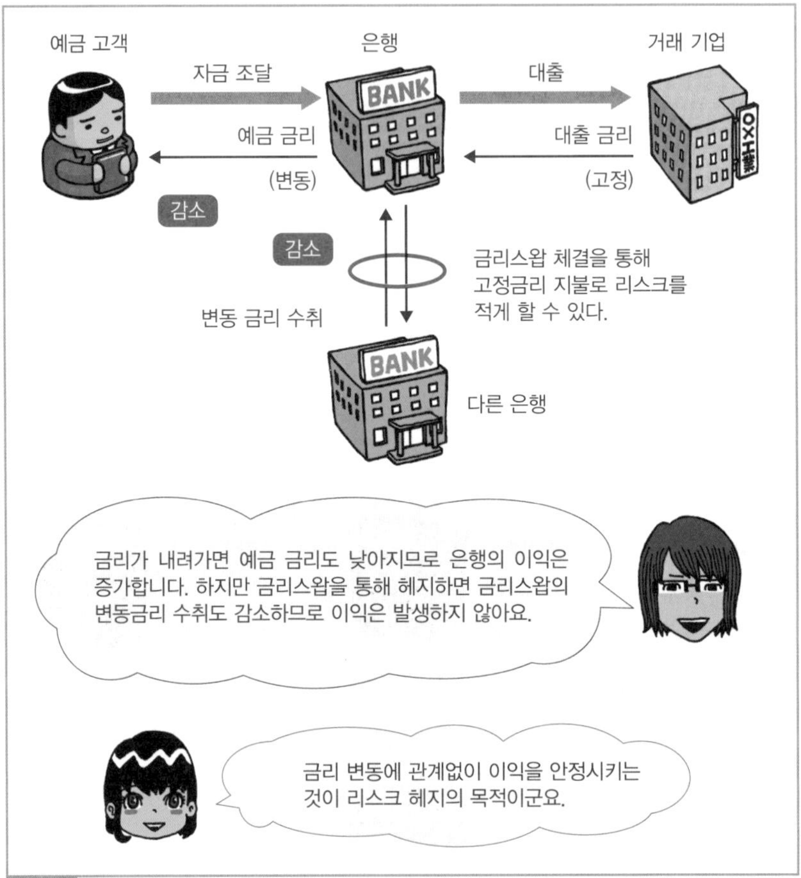

그림 25 리스크 헤지는 이익을 얻을 기회를 포기하는 것이기도 하다

루나 : 개별 거래에 초점을 두고 이익과 손실을 따지는 것이 아니라, 전체를 보고 이익을 안정시키는 것이 중요하군요.

2-9 통화스왑

서로 다른 통화의 현금흐름을 교환하는 통화스왑

루나 : **통화스왑**은 어떤 거래인가요?

히로 : 돈이 나가고 들어오는 일련의 흐름을 **현금흐름**이라고 하는데, 이 용어를 사용하여 설명하자면 **일반적인 금리스왑은 동일한 통화로 고정금리의 현금흐름과 변동금리의 현금흐름을 교환하는 거래**라고 할 수 있습니다. 이에 반해 **통화스왑은 서로 다른 통화의 현금흐름을 교환하는 거래**라고 정의할 수 있습니다.

루나 : 서로 다른 통화라면 예를 들어, 달러와 원화를 교환하는 건가요? 그럼 선도환 예약과 같지 않나요?

히로 : 통화스왑은 기본적으로 **현금흐름, 즉 일련의 자금 흐름을 한 번에 모두 교환하는 거래**를 말합니다. 선도외환은 기본적으로 **달러와 원화를 한 번 교환하는 거래**입니다. 물론 선도외환을 몇 번 합치면 일련의 현금흐름을 교환하는 효과를 창출할 수도 있습니다. 그런 의미에서 선도외환과 통화스왑은 이론적으로는 큰 차이가 없습니다.

세계은행-IBM 스왑은 획기적인 세계 첫 통화스왑 거래였다

루나 : 그럼 일련의 자금 흐름에는 예를 들어 어떤 것이 있나요?

히로 : 1981년에 '세계에서 처음으로 이루어진 스왑거래'로 평가되는

유명한 사례를 들어 설명해보죠. 바로 **세계은행-IBM 스왑**입니다.

루나 : 앞에서도 나왔어요. 사카모토 료마가 연상되는 거래잖아요.

히로 : 먼저 세계은행과 IBM이 자금 조달을 위해 **채권**을 발행한다고 가정해 봅시다. 채권은 국가와 기업 등이 자금을 조달할 때 발행하는 것인데, 의미는 차용증서와 비슷하지만 다른 사람에게 쉽게 전매할 수 있다는 특징이 있습니다. 채권을 지금 보유하고 있는 사람이 이자와 상환을 받을 수 있는 거죠. 채권을 발행하여 차입할 때의 금리 부담이 다음과 같다고 가정해 봅시다.

세계은행-IBM 스왑의 전제 조건(가정)

- **세계은행(국제부흥개발은행)의 채권 발행 비용**
  달러 표시 : 6.5%
  스위스 프랑 표시 : 4%
- **IBM의 회사채 발행 비용**
  달러 표시 : 8%
  스위스 프랑 표시 : 4.5%

루나 : 두 곳 모두 달러 금리가 높네요. 동일 통화의 금리는 세계은행 쪽이 낮고요.

히로 : 금리는 통화마다 수준이 정해져 있으니까요. 이 시점에는 달러가 스위스 프랑보다 금리가 높았던 거죠. 그리고 금리는 빌리는 사람의 신용력에 따라서도 좌우됩니다. 신용력이 높은 사람에게는 안심하고 돈을 빌려줄 수 있으니 금리가 낮아집니다. 이 예시에서 IBM은 신용력이 매우 높은 대기업이지만 세계은행의 신용력이 더 높습니다. 따라서 IBM보다 금리가 낮습니다.

루나 : 잘은 모르지만 세계은행은 대단한 곳이군요.

히로 : 세계은행은 발전도상국 지원 등을 위해 미국과 한국을 비롯한

주요국이 출자하여 운영되는 국제기관입니다. 따라서 세계에서 가장 신용력이 높은 존재 중 하나죠.

루나 : 그런데 잠깐만요. 세계은행은 IBM보다 달러 금리가 1.5%나 낮지만 스위스 프랑은 0.5%밖에 낮지 않네요. 왜 그런가요?

히로 : 중요한 점을 지적했습니다. 현대판 사카모토 료마가 될 수 있겠는데요. IBM은 미국 기업이니까 미국에서는 이미 많은 채권을 발행했습니다. 이미 IBM의 채권을 갖고 있는 사람들이 많으니 금리를 높이지 않으면 사주지 않는 거죠. 반대로 스위스 프랑 채권은 많이 발행되지 않았기 때문에 스위스 투자가들은 아직 IBM의 채권을 거의 갖고 있지 않았어요. 그래서 낮은 금리로도 돈이 모이는 거죠. 루나 씨가 지적한대로 통화에 따른 금리의 차이에 주목한 곳이 **살로몬 브라더스**라는 미국의 증권회사입니다.

루나 : 살로몬 브라더스가 세계은행과 IBM에 통화스왑을 제안하여 삿초동맹과 같은 상황을 재현한 것이군요.

다른 통화로 조달하여 스왑을 통해 필요한 통화로 교환하면 비용이 저렴해진다

히로 : IBM은 달러 자금을 조달하고 싶었습니다. 그런데 살로몬 브라더스의 제안은 스위스 프랑 채권을 발행하는 것이었어요. 금리 지불은 4.5%였고요. 반면에 세계은행은 스위스 프랑 자금이 필요했어요. 이번에는 세계은행에게 달러 채권을 발행하게 했습니다.

그리고 세계은행과 IBM은 각자 조달한 자금을 교환했습니다. 이로써 IBM은 달러를, 세계은행은 스위스 프랑을 조달한 것과 같은 결과를 얻었습니다.

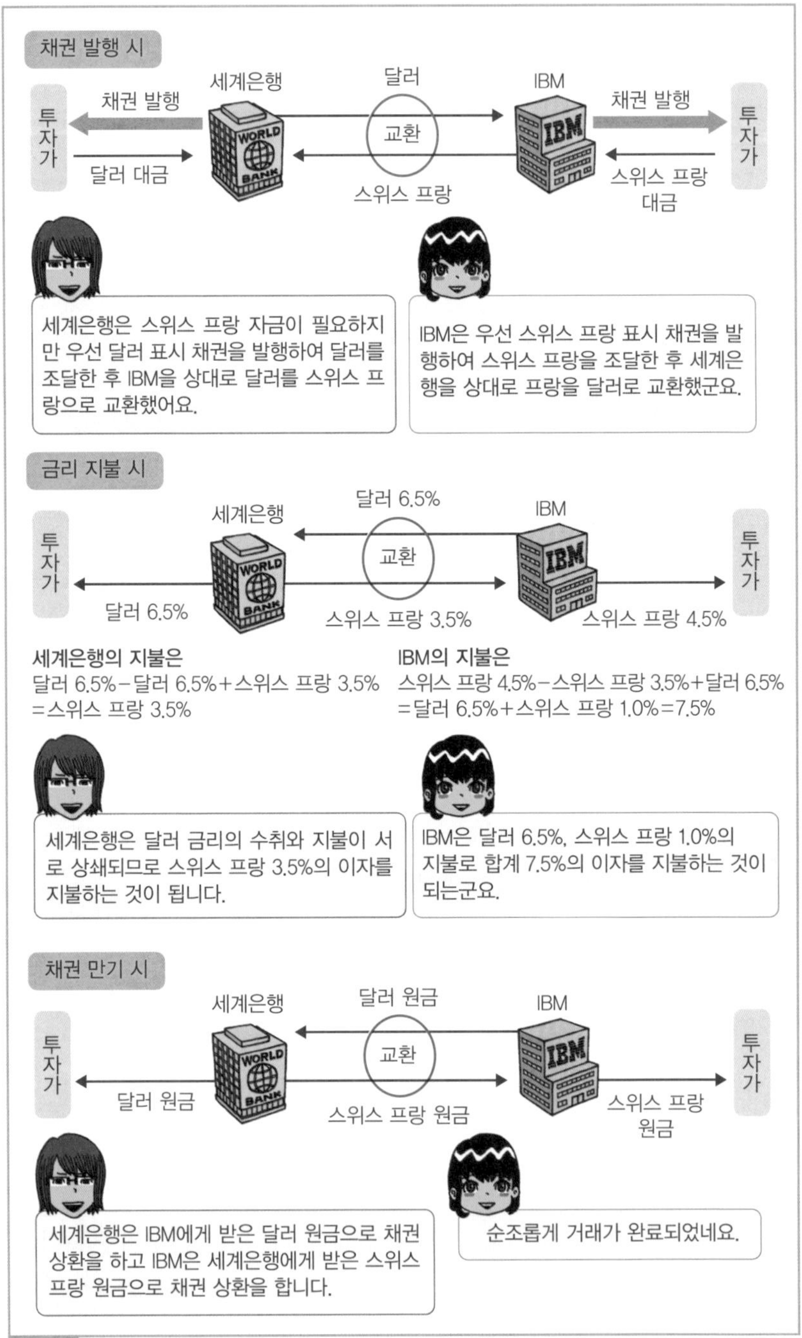

그림 26 세계은행-IBM 스왑

채권 이자를 낼 때는 IBM은 스위스 프랑 금리를, 세계은행은 달러 금리를 지불했습니다. IBM은 세계은행에게 스위스 프랑 금리를 받아 채권 이자로 지불했습니다. 세계은행은 그 반대겠죠. IBM에게 달러 금리를 받아 채권 이자로 지불했습니다. 여기서 주목할 것은 양쪽의 이자 금액의 합계입니다.

루나 : IBM이 스위스 프랑 4.5%, 세계은행이 달러 6.5%니까 단순 합계는 11%네요.

히로 : 맞습니다. 그런데 IBM이 달러 채권을, 세계은행이 스위스 프랑 채권을 각각 발행했다면 어땠을까요?

루나 : IBM이 달러로 8%, 세계은행이 스위스 프랑으로 4%니까 12%가 되겠네요.

히로 : 그 점이 포인트입니다. 본래 필요한 자금을 직접 조달하는 것이 아니라 다른 통화로 조달한 후 서로 교환하니 전체적으로 조달 비용이 1%나 낮아졌어요. 그 1%를 IBM과 세계은행이 나누면 거래 당사자 양쪽이 만족할 수 있는 결과가 됩니다. 그야

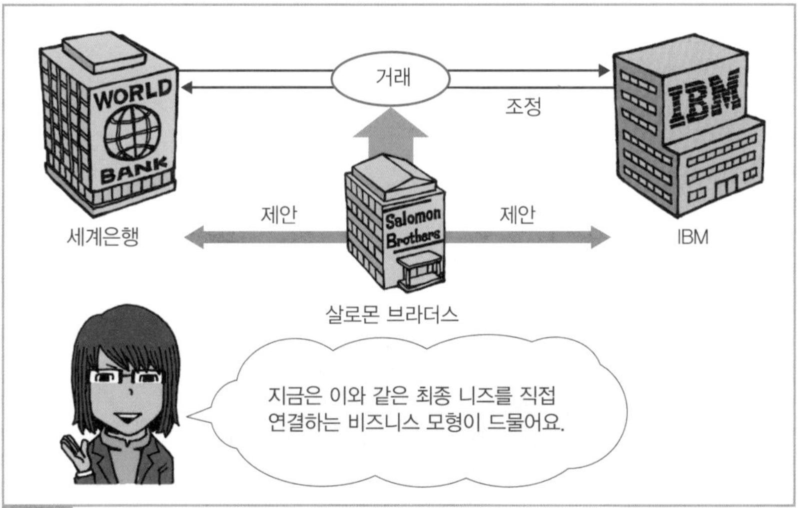

그림 27 파생상품의 비즈니스 모형

말로 **윈윈(win-win) 거래**인 셈이죠.

루나 : 그렇군요. 그런데 살로몬에게는 어떤 이득이 있었나요?

히로 : 여기서는 간략한 설명을 위해 생략했지만, 실제로는 살로몬 브라더스가 높은 수수료를 획득했답니다. 그러니까 세 곳 모두에게 행복한 거래였겠죠. 어쨌든 이러한 통화스왑의 등장으로 **기업은 필요한 자금을 직접 스스로 조달할 필요가 없어졌습니다.** 예를 들어 달러 자금이 필요한 경우에도 일단 원으로 자금을 조달한 후 통화스왑을 체결하여 달러로 교환할 수 있습니다. 통화스왑을 통해 저렴한 비용으로 자금을 조달할 수 있고 언제든지 필요한 통화 자금을 기동적으로 조달할 수 있습니다. 지금은 국제적인 기업에서 이러한 방법이 상식처럼 통용되고 있습니다.

은행이 리스크를 인수하는 형태로 변화한 현재의 비즈니스 모델

루나 : 하지만 당시의 IBM과 세계은행의 관계처럼 언제든 니즈가 일치하는 상대를 찾을 수 있는 건 아니잖아요. 삿초동맹이 아무 때나 성사되기란 쉽지 않을 거 같아요.

히로 : 현재는 이러한 최종적인 니즈를 매칭하는 형태로 거래가 이루어지는 경우는 거의 없습니다. 실제라면 먼저 IBM이 스위스 프랑 채권을 발행하여 거래 은행과 통화스왑을 통해 프랑을 달러로 교환합니다. 이렇게 하나의 거래로 완료되는 거죠.
통화스왑을 인수한 거래 은행은 스스로 해당 거래에 내재된 리스크를 분해하여 회피하는 방법을 취하거나 은행 간 거래 시장인 **인터뱅크 시장**에서 다른 은행과 거래를 통해 리스크를 넘깁니다.

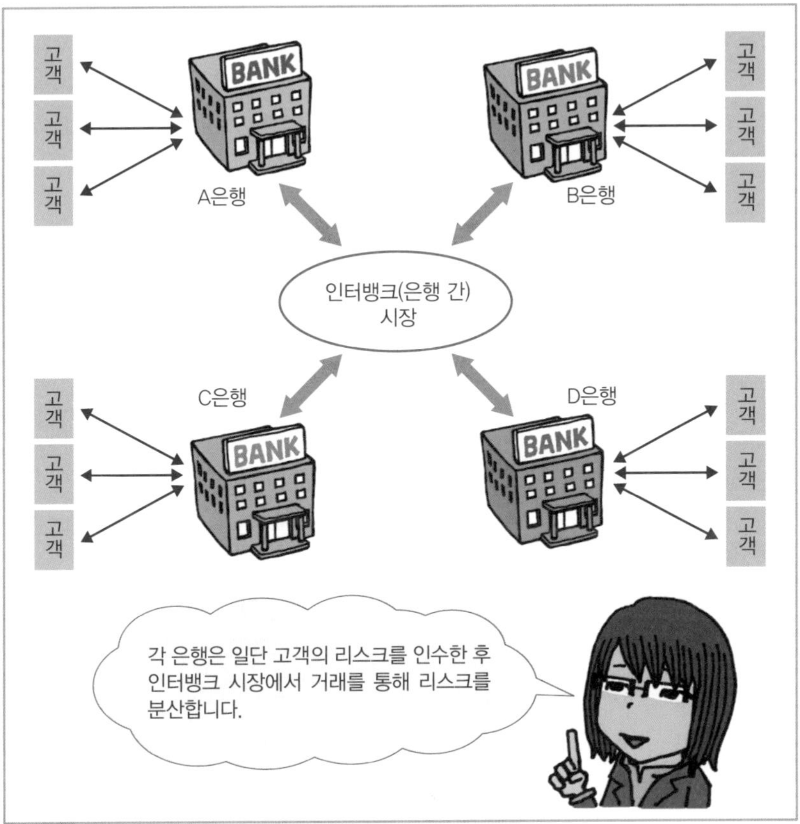

그림 28 현재의 비즈니스 모델

루나 : 그럼 세계은행은 어떻게 하나요?

히로 : 세계은행은 세계은행대로 IBM과는 전혀 관계가 없는 곳에서 달러 채권을 발행하고 자신의 거래 은행과 통화스왑을 체결하여 스위스 프랑으로 전환합니다. 그 거래 은행은 스스로 리스크를 분산하여 회피하거나 다른 은행에 넘기는 방법을 취합니다. IBM 거래와 세계은행 거래로 인한 리스크가 최종적으로 전혀 다른 은행에 모인 뒤 그곳에서 매칭이 이루어질 수도 있겠지만 전체적인 구조는 누구도 파악할 수 없습니다. 이것이 현대의 파생상품 거래 방식입니다.

루나 : 뭔가 복잡해 보이지만 정리해보자면, 개개의 거래 리스크는 인터뱅크(은행 간) 시장이라는 거대한 시장에 모인 뒤 인터뱅크 시장 안에서 리스크가 거래됨으로써 최종적인 니즈가 전체적으로 매칭을 이루어 나가는 구조라고 할 수 있겠네요.

통화스왑에는 원금을 교환하는 거래와 교환하지 않는 거래가 있다

루나 : 그런데 세계은행-IBM 스왑의 사례에서는 이자뿐만 아니라 원금도 교환되었어요.

히로 : 그 점이 통화스왑과 금리스왑의 큰 차이입니다. 금리스왑은 동일 통화의 현금흐름을 교환하므로 원금이 동일 통화이고 일반적으로는 금액도 동일하므로 교환을 해도, 하지 않아도 결국 결과는 같아요. 따라서 번거롭게 교환하지 않습니다. 그러나 통화스왑은 서로 다른 통화의 현금흐름을 교환하므로 원금이 달러로 얼마, 스위스 프랑으로 얼마, 이런 식으로 각각 다릅니다. 또한 원금을 교환해야 실제로 필요한 통화의 자금을 확보할 수 있습니다.

루나 : 그래서 통화스왑은 원금도 교환하는 거군요.

히로 : 일반적으로는 그렇습니다. 다만 장외파생상품은 자유롭게 계약 내용을 정할 수 있는 특징을 가지므로 원금 교환 없이 통화스왑을 거래할 수도 있습니다. 원금 교환을 하지 않으면 금리스왑과 마찬가지로 이자만 교환합니다.

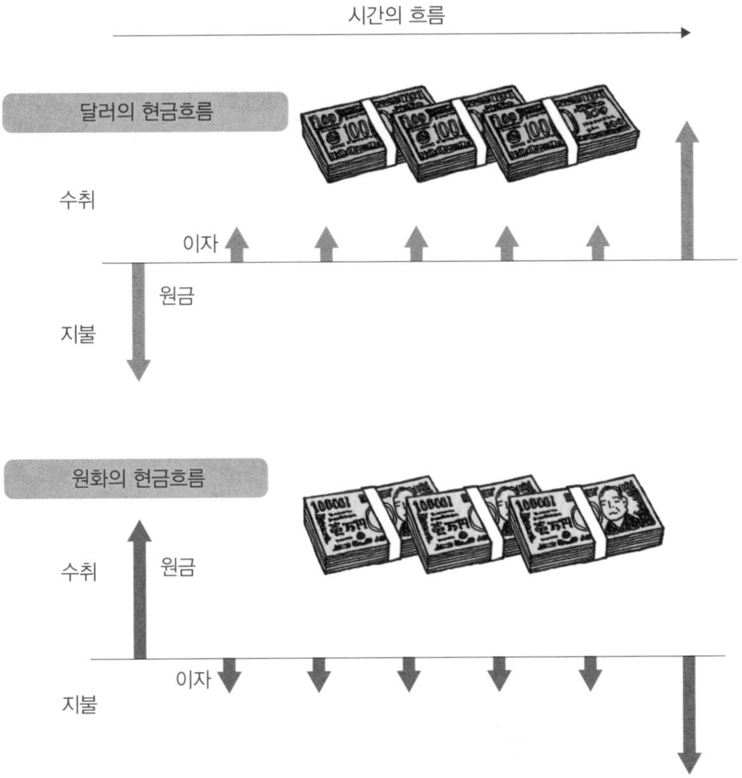

달러 원금을 상대방에게 빌려준 후 이자를 받고 마지막에 원금도 상환 받는다.
동시에 원화 원금을 빌린 후 이자를 지불하고 마지막에 원금도 상환한다.
이 두 가지 거래가 이루어지는 것이 통화스왑이다.

그림 29 일반적인 통화스왑(달러 금리 수취·원화 금리 지불)

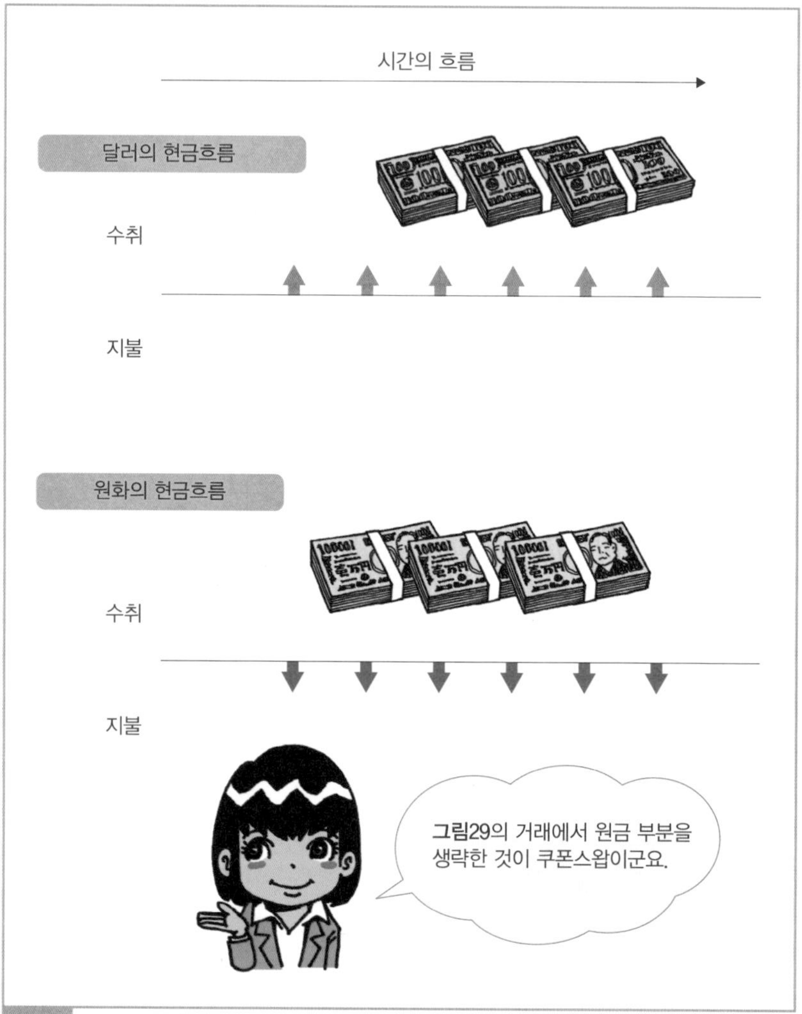

그림 30 쿠폰스왑의 현금흐름

히로 : 채권 이자는 **쿠폰**(coupon)이라고 하는데, 이자 교환만 이루어지는 통화스왑은 일반적인 원금 교환을 수반하는 통화스왑과 구별하여 **쿠폰스왑**이라고 부릅니다.

루나 : 쿠폰스왑은 선도외환거래가 여러 개 연속된 거래라고 할 수 있겠네요.

2-10 옵션

옵션은 '살 권리' 또는 '팔 권리'를 매매하는 거래

루나: 파생상품에서는 **옵션거래**도 중요한 위치를 차지하잖아요. 그런데 옵션은 왠지 어렵게 느껴져요.

히로: 옵션 이론은 상당히 어려워요. 개념에 대해서는 나중에 자세히 설명할 테니 벌써 걱정하지 않아도 돼요. 여기서는 먼저 옵션의 독특한 특징을 확실히 기억해 둡시다.

루나: 옵션은 무언가를 살 권리, 팔 권리잖아요.

히로: 옵션의 원자산은 주식, 채권, 환 모두 해당되지만 여기서는 주식을 예로 들어봅시다. 가령 삼성전자 주식의 현재 주가를 1만 원이라고 해 봅시다. 그리고 3개월 후에 1만 1,000원에 살 수 있는 권리를 가정해 봅시다.

루나: 지금 1만 원인 주식을 1만 1,000원에 살 수 있는 권리라니, 무슨 의미가 있나요?

히로: 지금은 1만 원이지만 3개월 후에는 1만 2,000원이 되어 있을 수도 있습니다. 그렇다면 1만 1,000원에 살 수 있는 권리는 의미가 있겠죠. 이 권리를 이용하면 얼마를 벌 수 있을까요?

루나: 주가가 1만 2,000원이 되었을 때 1만 1,000원에 사는 거니까 1,000원 싸게 살 수 있으니 1,000원이 이익이 되겠네요.

히로: 맞습니다. 그런데 3개월 후에 주가가 9,000원이 되었다면 어떨까요?

옵션 매수자에게 이익은 발생해도 손실은 발생하지 않는다

루나 : 9,000원짜리 주식을 1만 1,000원에 사야하니까 2,000원 손실이네요.

히로 : 앞서 옵션은 **권리**라고 했죠. 자신에게 불리한 상황이면 권리를 포기하면 됩니다. 따라서 손실은 발생하지 않아요.

루나 : 이익을 얻을 가능성은 있지만 손실을 입을 가능성은 없다는 건가요? 이거야말로 **꿈에 그리던 거래**네요.

히로 : 그런 꿈에 그리던 거래를 가능하게 하는 것이 바로 옵션입니다. 참고로 옵션과 관련된 용어는 아래와 같이 정해져 있으니 외워 두도록 합시다.

- 콜옵션(Call Option) : 살 권리
- 풋옵션(Put Option) : 팔 권리
- 권리행사 : 권리를 행사하는 것(이 경우에는 1만 1,000원에 삼성전자 주식을 사는 것)
- 행사가격 : 살(팔) 수 있는 가격(이 경우에는 1만 1,000원)
- 행사기일 : 권리를 행사할 수 있는 기일

히로 : 콜옵션을 보유하고 있는 경우의 손익 관계를 정리하면 행사기일에 주가가 행사가격을 웃돌 경우, (주가-행사가격)이 이익이 됩니다. 주가가 행사가격을 밑돌 경우에는 권리를 포기하면 되므로 손익이 발생하지 않습니다. 그래프로 나타내면 **그림32**와 같습니다. 그럼 이 콜옵션을 파는 사람 입장에서 보면 어떨까요?

주식(원자산)을 산 경우, 주가가 오르면 이익이 발생하고 주가가 내려가면 손실이 발생한다. 이를 그래프로 나타내면

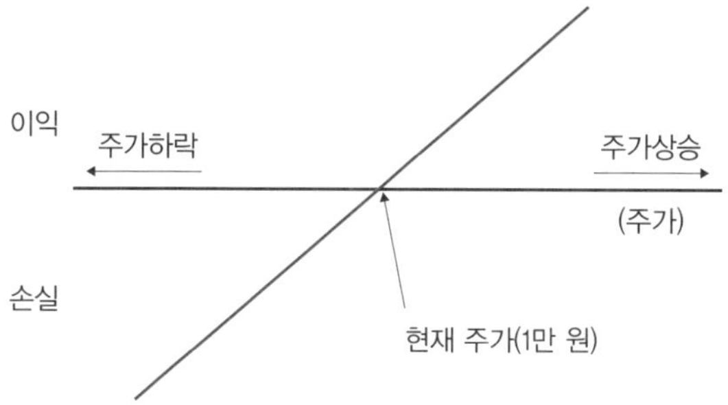

하지만 콜옵션을 산 경우, 옵션의 행사기일에 주가(원자산의 가격)가 행사가격을 웃돌면 그 상승 부분이 이익이 된다.

행사가격이 1만 1,000원인데 주가가 1만 2,000원이면 옵션이 없을 경우 1만 2,000원에 살 수밖에 없지만, 옵션 권리행사를 통해 저렴한 가격인 1만 1,000원에 살 수 있으므로 1만 2,000원−1만 1,000원=1,000원이 이익이 된다.

반대로 행사기일에 주가가 행사가격 이하일 경우, 옵션을 행사하지 않아야 주식을 싸게 살 수 있으므로 권리를 포기하면 된다. 아무것도 하지 않으므로 옵션에 의한 손익이 발생하지 않는다. 이를 그래프로 나타내면

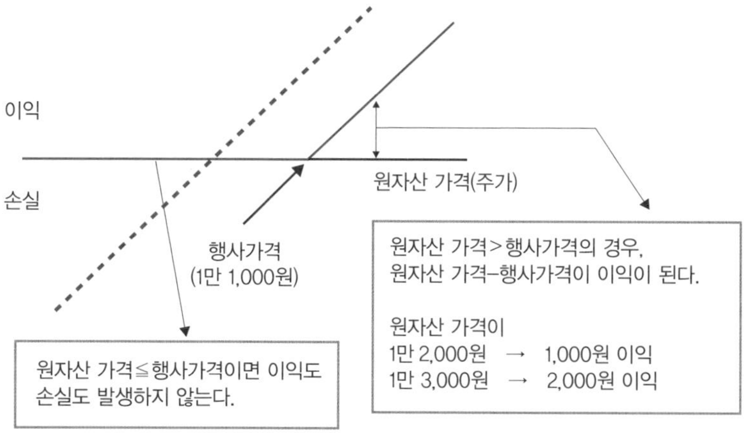

그림 31 옵션의 손익 그래프

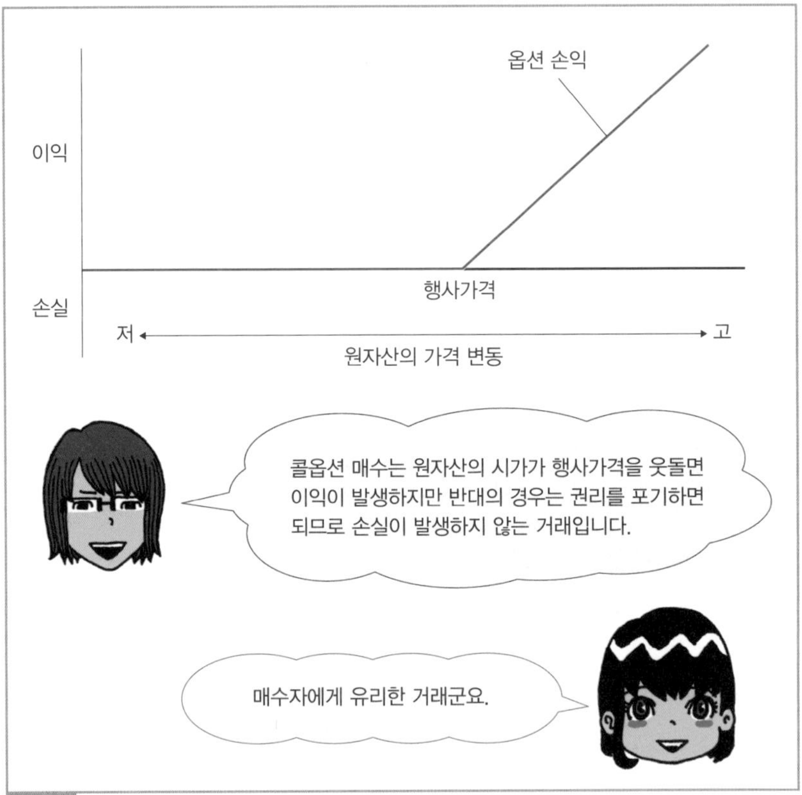

그림 32 콜옵션 매수의 손익 그래프

옵션은 매도자에게 '의무'이고 손실은 발생하지만 이익은 발생하지 않는다

루나 : 콜옵션은 '살 권리'라는 의미잖아요. 그런데 '살 권리'를 판다는 것은 무슨 뜻인가요?

히로 : 콜옵션을 사고 싶어도 파는 사람이 없으면 거래가 성립되지 않겠죠. 콜옵션을 산 사람은 '살 권리'를 갖게 됩니다. 반대로 콜옵션을 판 사람은 상대측(매수자)이 권리를 행사하면 그에 응해야 하므로 **'의무를 지는'** 것이 됩니다.

주가가 1만 2,000원일 때 권리가 행사되면 상대측에게 행사가격 1만 1,000원에 주식을 팔아야 합니다. 그렇게 해야 매수자가 권리를 가진 것이 되겠죠.

루나 : 그래도 본래는 1만 2,000원에 팔 수 있는 주식을 1만 1,000원에 팔아야 하니까 1,000원의 손실을 입게 되잖아요.

히로 : 맞습니다. 의무를 지고 있으니까 손실이 발생해도 거래에 응해야 합니다. **그림33**과 같이 매수자의 **손익 그래프**와 상하가 반대가 되죠.

루나 : 손실은 발생해도 이익은 발생하지 않는다니 왠지 불합리한 것 같은데…….

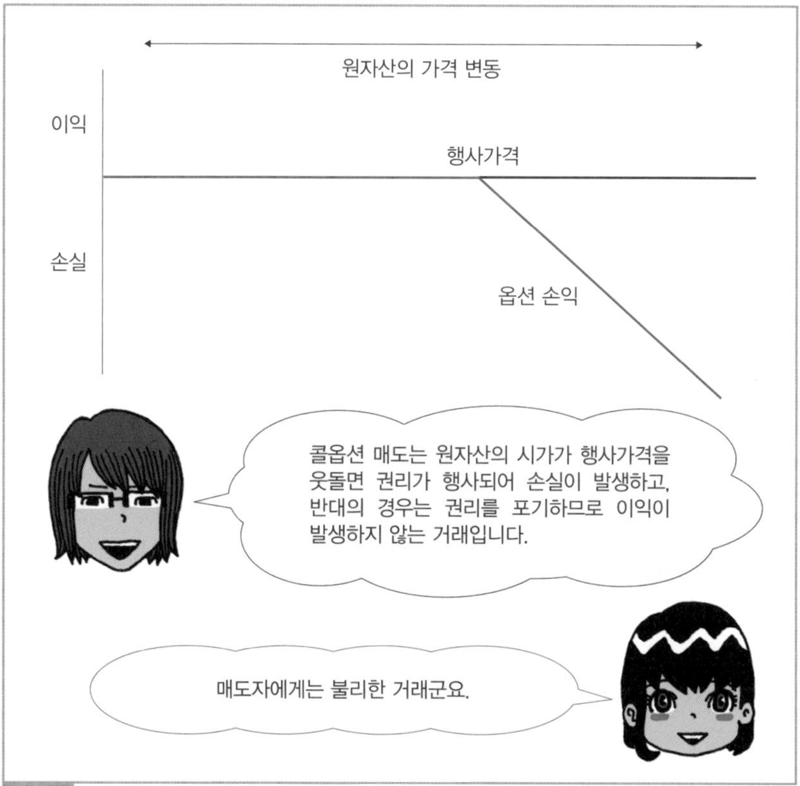

그림 33 콜옵션 매도의 손익 그래프

매수자와 매도자의 유불리는 옵션 프리미엄에 의해 조정된다

히로 : 다시 말해 **옵션은 매수자에게 일방적으로 유리하고 매도자에게는 일방적으로 불리한 거래**입니다. 하지만 이래서는 거래가 성립되지 않겠죠. 거래를 성립시키려면 매수자가 매도자에게 불리함을 메꿔줄 대금을 지불해야 합니다. 이 대금을 **옵션 프리미엄**이라고 합니다. 옵션 프리미엄을 고려하면 앞에서 본 손익 그래프는 **그림34**와 같이 됩니다.

루나 : 결국 꿈에 그리던 거래를 손에 넣기 위해서는 나름의 대가를 치러야 하는군요. 옵션은 대상이 되는 원자산과 행사가격, 행사기일을 사전에 자유롭게 결정할 수 있잖아요.

히로 : 물론이죠. 앞선 예시에서는 행사가격이 1만 1,000원이었지만 9,000원으로도 설정할 수 있습니다. 현시점의 주가가 1만 원이니까 확실히 이익이 되겠네요. 이와 같이 현시점의 주가로 계산하여 이익이 발생하는 옵션을 '**내가격옵션**(ITM, In The Money)'라고 합니다. 이에 반해 현시점의 주가로는 이익이 발생하지 않는 거래를 '**외가격옵션**(OTM, Out of The Money)', 현재 주가와 행사가격이 동일한 경우는 '**등가격옵션**(ATM, At The Money)'라고 합니다. 내가격옵션은 조건이 유리하므로 그만큼 대가로 지불하는 프리미엄의 비율도 높아집니다.

루나 : 역시 무조건 유리하기만 한 거래는 없네요.

히로 : **기일**과 관련하여 덧붙이자면 위에서 든 예시에서는 행사기일이 3개월 후였는데, 이처럼 행사기일이 정해져 있는 타입을 **유러피언 옵션**이라고 합니다. 이에 반해 3개월 이내라면 어느 시점에서라도 권리행사가 가능한 계약을 체결할 수 있는데, 이를 **아메리칸 옵션**이라고 합니다.

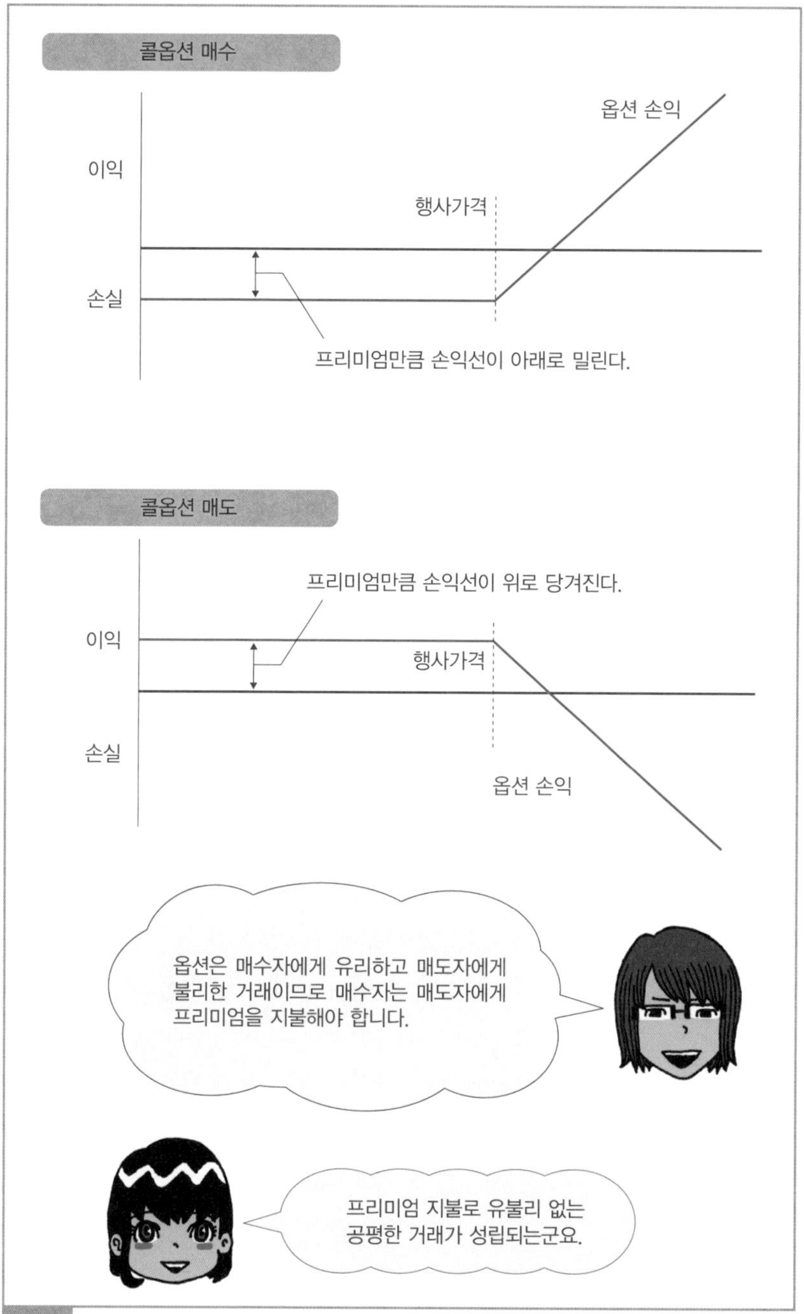

그림 34 프리미엄을 고려한 옵션의 손익 그래프

루나 : 지명을 붙였네요.

히로 : 행사기일이 몇 회로 나뉘어 있어서 예를 들어 한 달 후, 두 달 후, 세 달 후 중 특정한 날에 권리를 행사할 수 있는 계약도 가능합니다. 아메리카와 유럽의 중간 형태라는 의미에서 **버뮤다 옵션**이라고 합니다.

'살 권리' 콜옵션과 '팔 권리' 풋옵션

루나 : 기발한 언어유희네요. 그런데 옵션에는 '살 권리' 말고 '팔 권리'도 있잖아요.

히로 : '팔 권리'는 **풋옵션**이라고 합니다. 풋옵션을 사면 손익은 어떻게 될까요?

루나 : 이번에는 '팔 권리'를 사고파는 건가요? 복잡하네요.

히로 : 구체적인 조건이 있으면 이해하기 쉬우니까 앞서 든 예시와 같은 수치로 가정해 봅시다. 현재 1만 원인 삼성전자 주식을 3개월 후에 1만 1,000원에 팔 권리가 있다고 가정합시다. 3개월 후에 주가가 1만 2,000원이 되었다면 어떻게 될까요?

루나 : 권리를 행사하면 1만 1,000원에 팔 수 있지만 주가가 1만 2,000원이면 1만 2,000원에 팔아야 이득이니까 권리를 포기하면 됩니다.

히로 : 그 반대는요?

루나 : 반대로 주가가 9,000원이 되었다면 권리를 행사해서 1만 1,000원에 팔 수 있으니까 2,000원 이익이 됩니다.

히로 : 맞습니다. 그래프로 나타내면 **그림35**와 같습니다.

루나 : 콜옵션 그래프와 좌우가 반대네요.

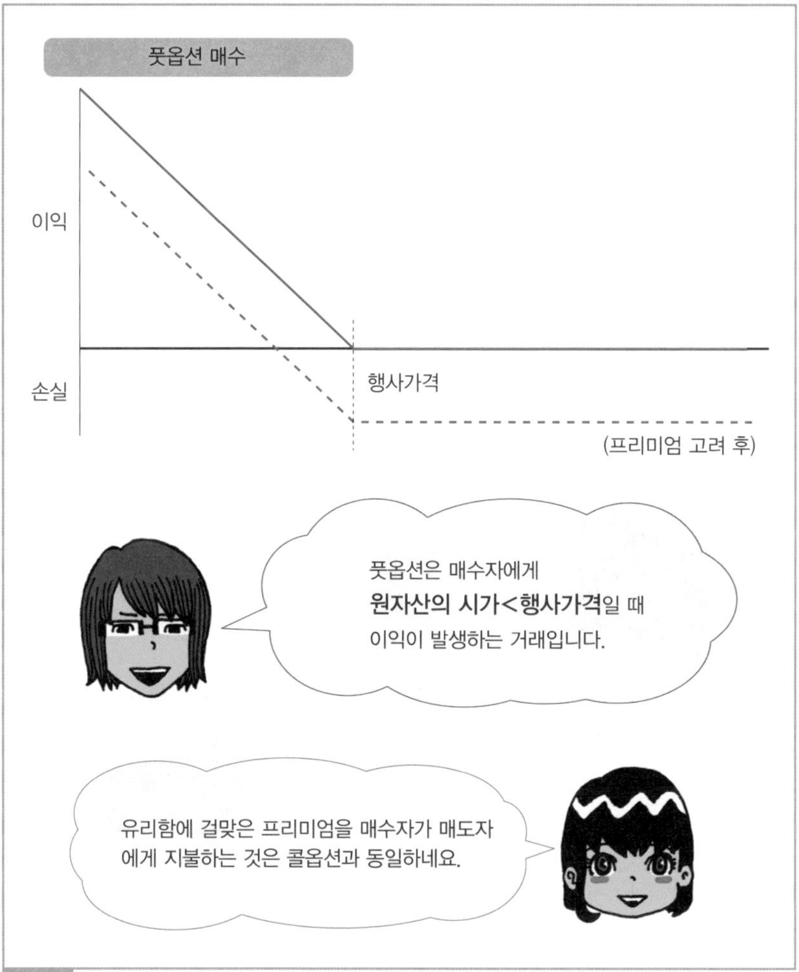

그림 35 풋옵션 매수의 손익 그래프

히로 : 그리고 풋옵션 매도의 경우에는 매수와 상하가 반대가 되니까 **그림36**과 같이 됩니다. 물론 풋옵션도 매수자에게 유리한 거래이므로 매도자에게 대가로 프리미엄을 지불해야 거래가 성립됩니다.

루나 : 정리하면 기본적으로 옵션거래에는 콜 매수와 매도, 풋 매수와 매도, 이렇게 네 가지 거래 패턴이 있군요.

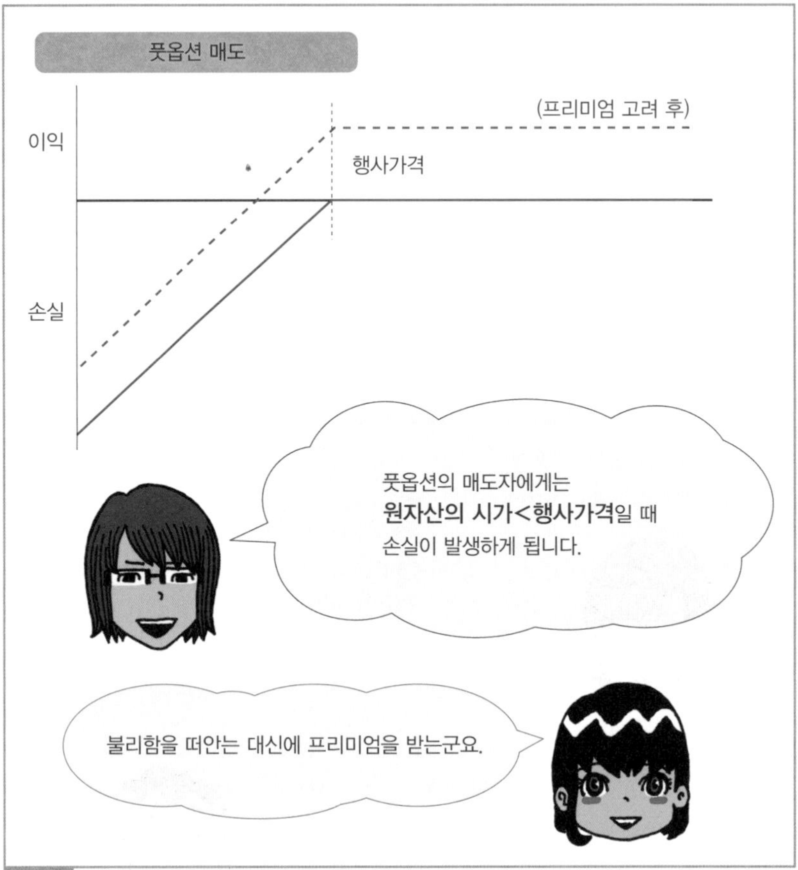

그림 36 풋옵션 매도의 손익 그래프

기본 패턴의 옵션을 이용하여 다양한 조합을 만들 수 있다

히로 : 그렇습니다. 나아가 이 네 가지 패턴을 조합하여 다양한 손익 패턴을 만들 수 있습니다. 일단 **그림37**을 봅시다.

루나 : 이것도 옵션거래인가요?

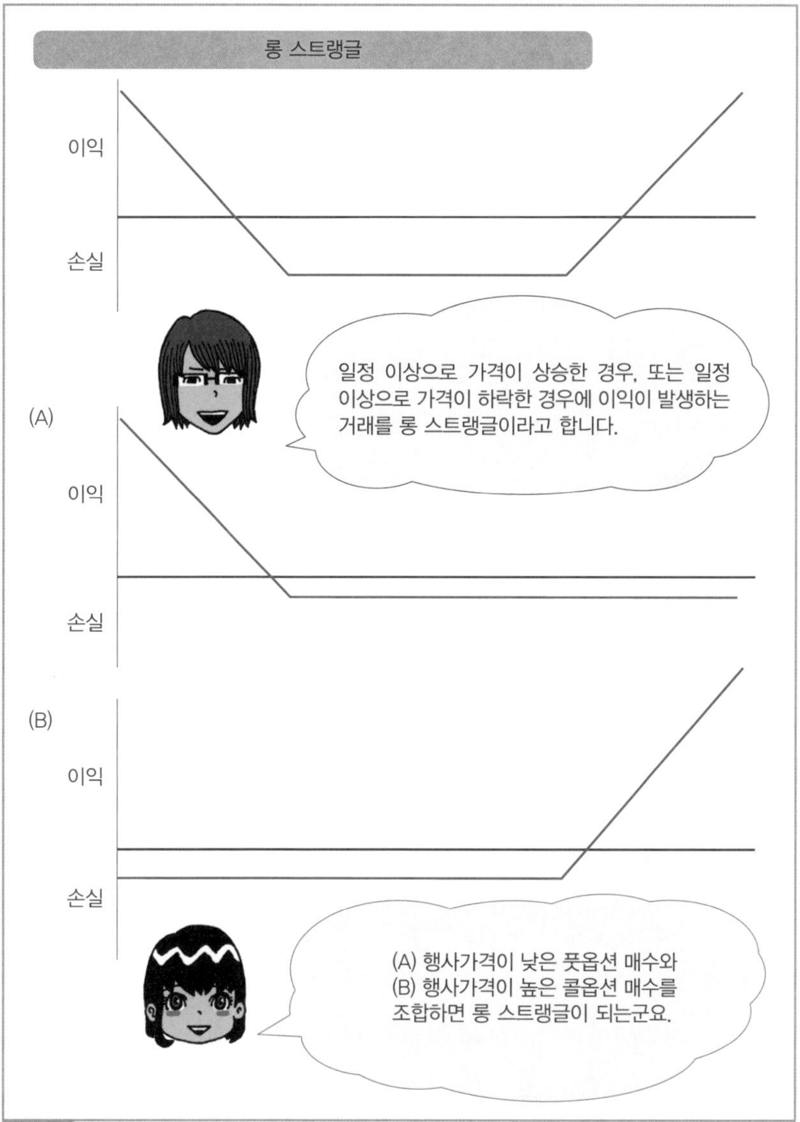

그림 37 다양한 조합의 옵션(롱 스트랭글)

히로 : 지금까지 설명한 것들을 조합하기만 한 것입니다. 맨 위의 그래프는 (A) 행사가격이 낮은 풋옵션 매수와 (B) 행사가격이 높은 콜옵션 매수를 조합한 것입니다.

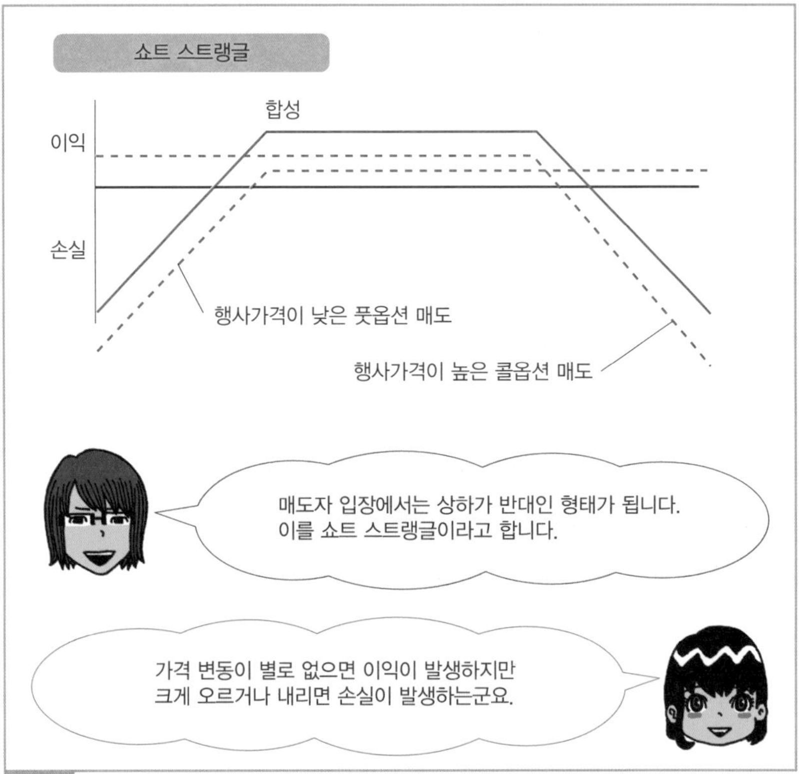

그림 38 다양한 조합의 옵션(쇼트 스트랭글)

이러한 거래를 **롱 스트랭글(Long Strangle)**이라고 합니다. 거래 상대측 입장에서 보면, 행사가격이 낮은 풋옵션 매도와 행사가격이 높은 콜옵션 매도의 조합이 되므로 손익 그래프는 상하가 반대가 되는 **그림38**과 같습니다. 이를 **쇼트 스트랭글(Short Strangle)**이라고 합니다. 이 밖에도 **그림39**와 같은 다양한 조합의 거래가 가능합니다.

- **롱 스트래들(Long Straddle)** : 행사가격이 동일한 풋옵션 매수와 콜옵션 매수의 조합
- **쇼트 스트래들(Short Straddle)** : 행사가격이 동일한 풋옵션 매도와 콜옵션 매도의 조합

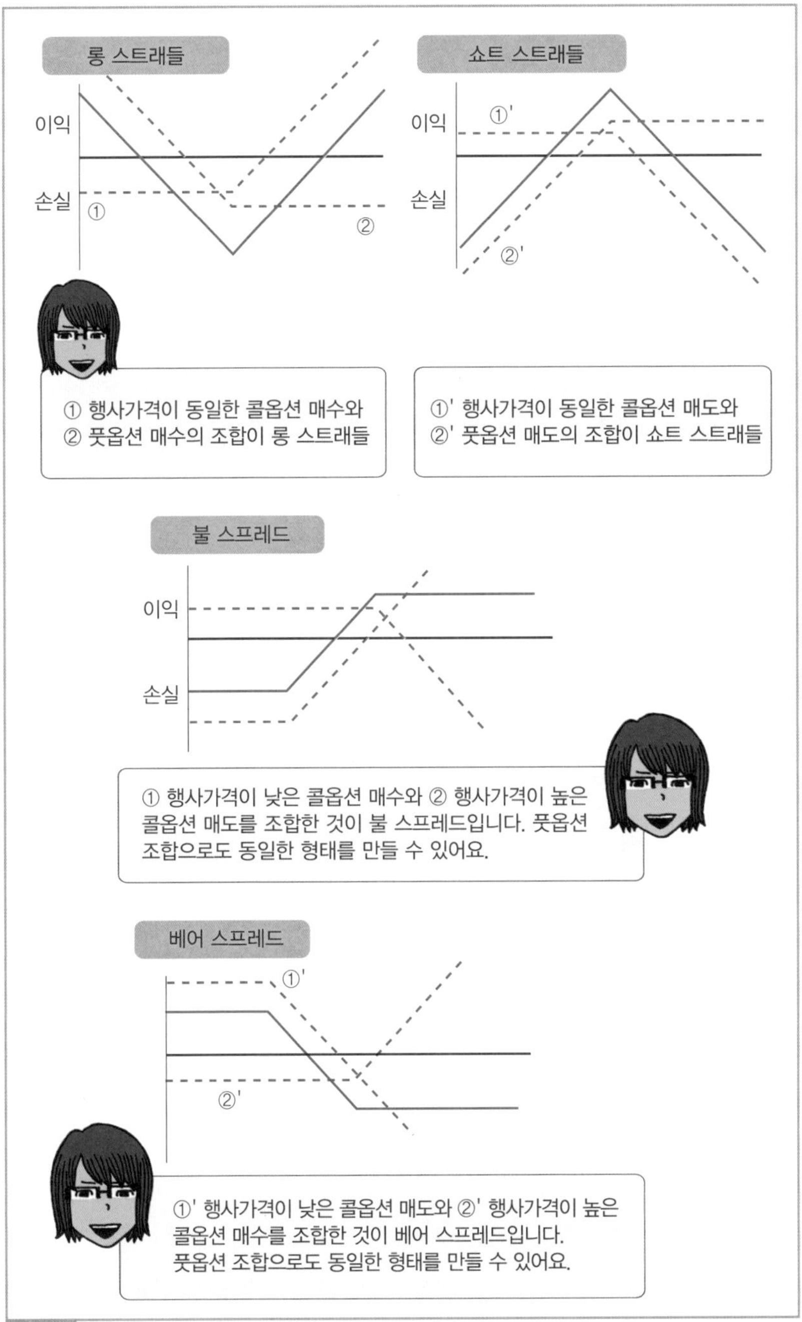

그림 39 다양한 조합의 옵션

- **불 스프레드(Bull Spread)** : 행사가격이 낮은 콜옵션 매수와 행사가격이 높은 콜옵션 매도의 조합(풋옵션으로도 동일한 형태를 만들 수 있다)
- **베어 스프레드(Bear Spread)** : 행사가격이 낮은 콜옵션 매도와 행사가격이 높은 콜옵션 매수의 조합(풋옵션으로도 동일한 형태를 만들 수 있다)

루나 : 어떤 형태로든 만들 수 있겠는데요.

엑조틱 옵션은 변형된 종류의 옵션

히로 : 맞습니다. 여기서 예로 든 것은 기본적인 네 가지 패턴을 조합한 것이고 실은 기본 패턴과는 다른 **변형된 종류의 옵션거래**도 가능합니다. 예를 들어 **그림40**과 같은 경우입니다. 이를 **디지털 옵션(Digital Option)**이라고 부릅니다. 앞에서 설명한 기본 패턴 조합이 아닌 변형된 옵션입니다. 장외파생상품은 자유롭게 계약 내용을 정할 수 있으므로 이러한 형태로도 거래가 가능합니다. 디지털 옵션과 같이 기본 패턴과는 다른 변형된 종류의 옵션을 총칭하여 **엑조틱 옵션(Exotic Option)**, 즉 변형이라고 합니다.

루나 : 어떻게 이러한 거래가 가능한가요?

히로 : 이러한 거래를 가능하게 하는 것이 바로 금융공학의 강점입니다. 이 부분에 대해서는 제3장에서 살펴봅시다.

네 가지 기본 패턴과 엑조틱 옵션을 이용하면 주가 변동을 통해 원하는 대로 손익 패턴을 만들 수 있습니다. 하지만 패턴이 유리하면 할수록 지불해야 하는 프리미엄은 높아집니다. 반대로 아주 불리한 패턴의 거래는 불리한 만큼 프리미엄을 받을 수 있습니다. 아무리 복잡한 패턴의 거래라도 이러한 기본 원리는 동일합니다.

루나 : 금융공학은 마법을 부리는 것 같지만 무조건 유리한 거래는 성립하지 않는군요. 그런 의미에서는 결코 마법이 될 수 없겠네요.

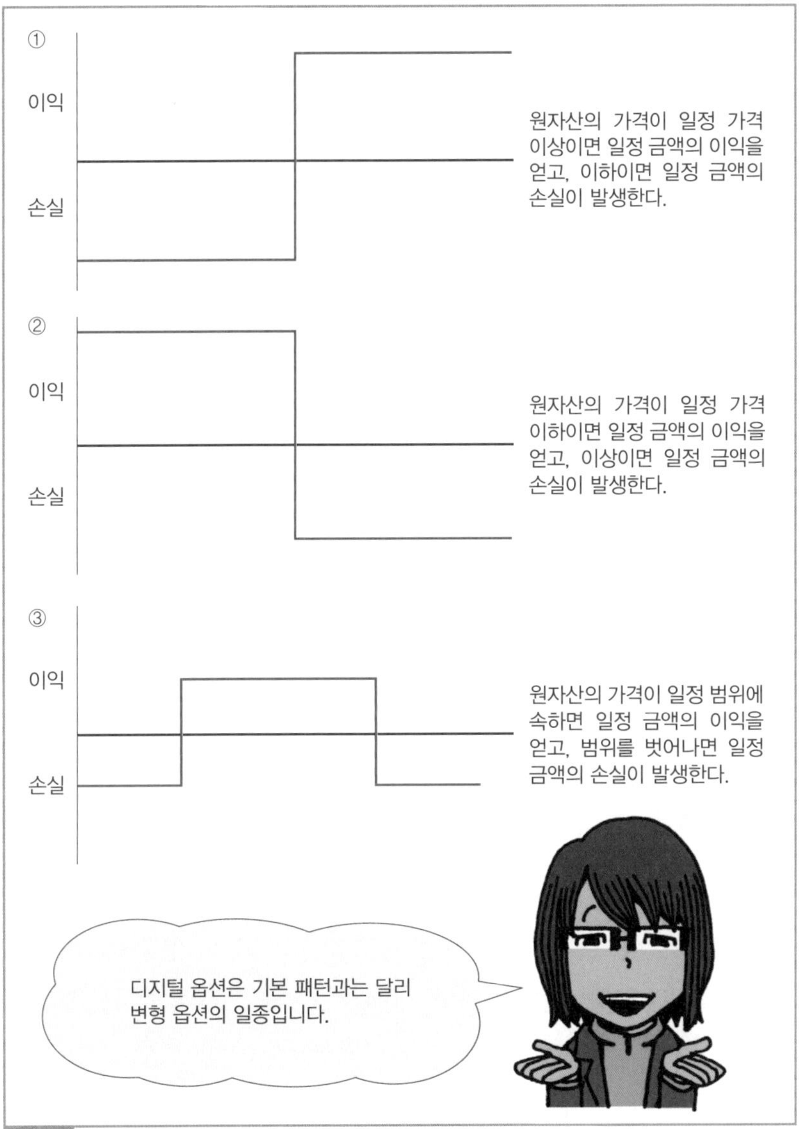

그림 40 디지털 옵션

2-11 신용 파생상품

CDS는 기업의 도산 리스크를 거래하는 대표적인 신용 파생상품

루나 : 기업의 도산 리스크를 거래하는 파생상품도 있었잖아요.

히로 : **신용 파생상품**이죠. 대표적인 거래 형태로는 **신용부도 스왑(CDS, Credit Default Swap)**이 있습니다. 예를 들어 은행이 거래처에 1,000억 원이라는 거액을 빌려줬다고 가정해 봅시다. 그런데 이 거래처가 도산하면 은행은 큰 손실을 입게 되겠죠. 이러한 리스크를 회피할 수 있는 거래가 CDS입니다.

신용부도 스왑(CDS)의 조건 예시

- 거래 원금 : 1,000억 원
- 거래 기간 : 5년
- 대상이 되는 기업 : R사

그 밖에 어떠한 경우에 R사의 파산이 인정되는지, 파산이 인정되었을 때 보상금의 금액은 어떻게 결정할지 미리 계약을 통해 정할 수 있다.

히로 : 위와 같은 조건으로 CDS를 체결합니다. 계약 기간 5년 내에 R사가 도산할 경우 빌려준 1,000억 원 중 **손실이 발생한 부분**을 상대측에게 받을 수 있습니다. 도산으로 인해 빌린 돈을 상환하지 못하게 되는 것을 **부도**(채무불이행)라고 하는데, 그래서 거래명에도 부도가 붙여진 겁니다.

CDS는 옵션과 닮은 거래로 매수자와 매도자가 있다

루나 : CDS도 유리한 거래니까 대가를 지불해야 하나요?

히로 : 맞습니다. CDS **프리미엄**을 상대측에게 지불해야 합니다. '스왑'이라고 부르지만 앞서 설명한 옵션과 비슷한 거래입니다.
단, 프리미엄은 계약 기간에 걸쳐 일반적으로 6개월 정도마다 정기적으로 지불합니다. 프리미엄을 보험료라고 한다면 보험 성격과도 비슷합니다. 기업의 도산에 보험을 걸어두는 셈이죠.

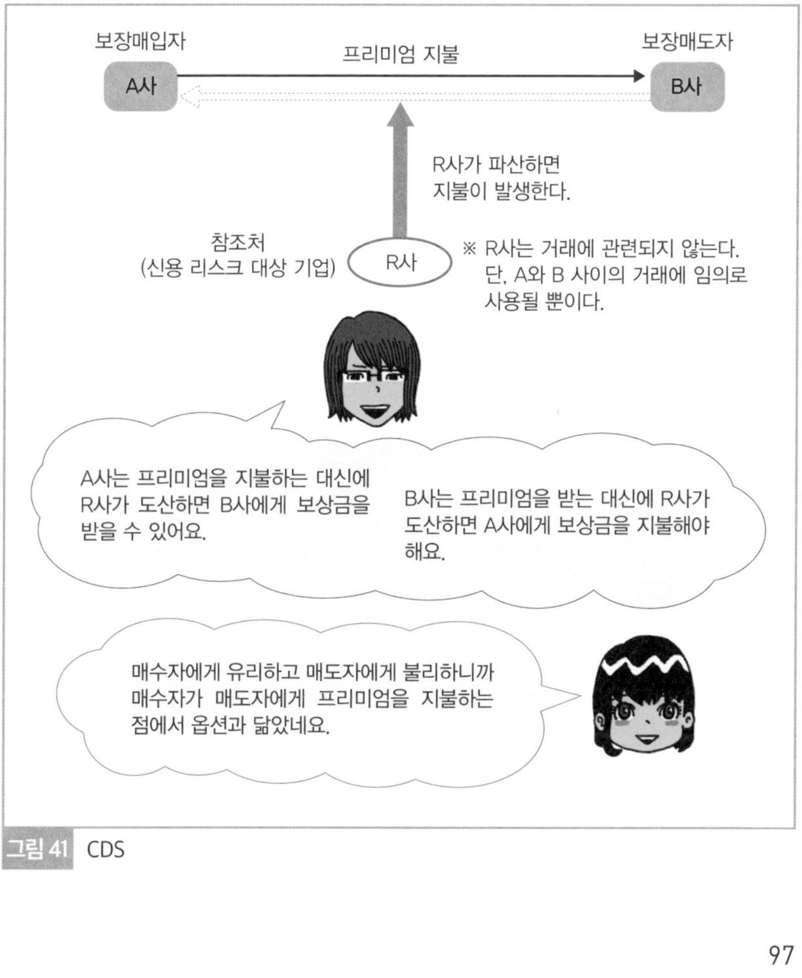

그림 41 CDS

루나 : 상대측 입장에서는 프리미엄을 받고 아무 일도 일어나지 않으면 프리미엄만 가져갈 수 있는 거네요. 하지만 R사가 도산하면 상대측의 손실을 보전해 주어야 하겠군요.

히로 : 그렇습니다. CDS에서 프리미엄을 지불하는 측, 즉 대상 기업의 도산 리스크(디폴트 리스크)로부터 보호를 받는 측은 보호, 즉 **프로텍션**(protection)을 산다는 의미에서 **보장매입자**(Protection Buyer), 반대 측은 **보장매도자**(Protection Seller)라고 합니다.

대상 기업이 도산하면 일정 금액을 매도자가 매수자에게 지불한다

히로 : 그럼 R사가 도산했을 때 보장매도자는 보장매입자에게 얼마의 돈을 줄까요?

루나 : 그야 1,000억 원이죠. R사가 도산해서 빌려 준 돈을 돌려받지 못하잖아요.

히로 : 기업이 도산한다고 해서 한 푼도 돌려받지 못하는 건 아니에요. 기업은 계속된 적자로 더 이상 경영을 지속할 수 없거나 자금 융통이 막혀 약속한 지불이 어렵게 되었을 때 도산합니다. 하지만 모든 것을 잃은 것은 아닙니다. 지불에 충당할 수 있는 재산도 있을 테고 일단 빌린 돈을 감액해 주면 경영을 계속할 수 있는 경우도 있습니다. 빌려 준 1,000억 원 중 조금이라도 돌아온다면 이때의 비율을 **회수율**이라고 하는데, 회수율을 제외한 부분이 손실이 됩니다. 회수율이 20%일 때 손실 금액=1,000억 원×(100%-20%)=800억 원이 됩니다.

루나 : 그럼 CDS로 받을 수 있는 금액은 800억 원이군요.

히로 : 기본적으로는 그렇습니다. 하지만 회수율이 얼마인지는 쉽게 정해지지 않아요. 따라서 CDS는 이 **손실 보전 금액**을 어떻게 주

고받을지 미리 정해둡니다. 나중에 말썽이 일어나지 않게 하기 위해서죠.

매도자는 회사채에 투자한 것과 동일한 효과를 얻을 수 있다

루나 : 은행이 CDS 거래를 이용한다면 상대측, 즉 보장매도자는 누가 되나요?

히로 : 우선 CDS의 보장매입자가 되는 대상은 은행에 한정되지 않습니다. 예를 들어 R사가 발행한 채권을 보유하고 있는 투자가도 R사의 도산으로 손해를 입게 되니까 CDS 거래에 대한 니즈가 있습니다. 뿐만 아니라 폭넓게 거래처의 도산으로 인한 손해를 보전하는 효과도 있습니다. 경우에 따라서는 R사가 도산할 것 같으니 도산에 의한 이익을 올리기 위해 단순한 목적으로 CDS 거래를 이용하기도 합니다. 반면에 보장매도자가 되는 사람 중에는 투자가가 많습니다. 실제로 보장매도자가 되는 것은 회사채 투자와 매우 흡사한 경제효과가 있습니다(그림42). R사가 발행하는 채권에 투자하면 정기적으로 **쿠폰**이라고 불리는 이자를 받을 수 있습니다. 회사채 만기가 도래할 때까지 아무 일도 일어나지 않으면 원금도 돌아오고 이자로 인한 수익도 올릴 수 있어요. 그러나 R사가 도중에 도산하면 큰 손실이 발생합니다.

루나 : 그러네요. 처음에 채권에 투자할 때 필요한 매입 대금과 마지막에 만기로 돌아오는 원금을 생략하면 CDS 매도와 완전히 동일하군요.

히로 : 맞습니다. CDS는 **회사채를 파생상품화 한 것**이라고 할 수 있어요. 단, 장외파생상품은 자유롭게 계약 내용을 정할 수 있으니까 현실적으로 회사채가 존재하지 않아도 마치 존재하는 것처럼 거

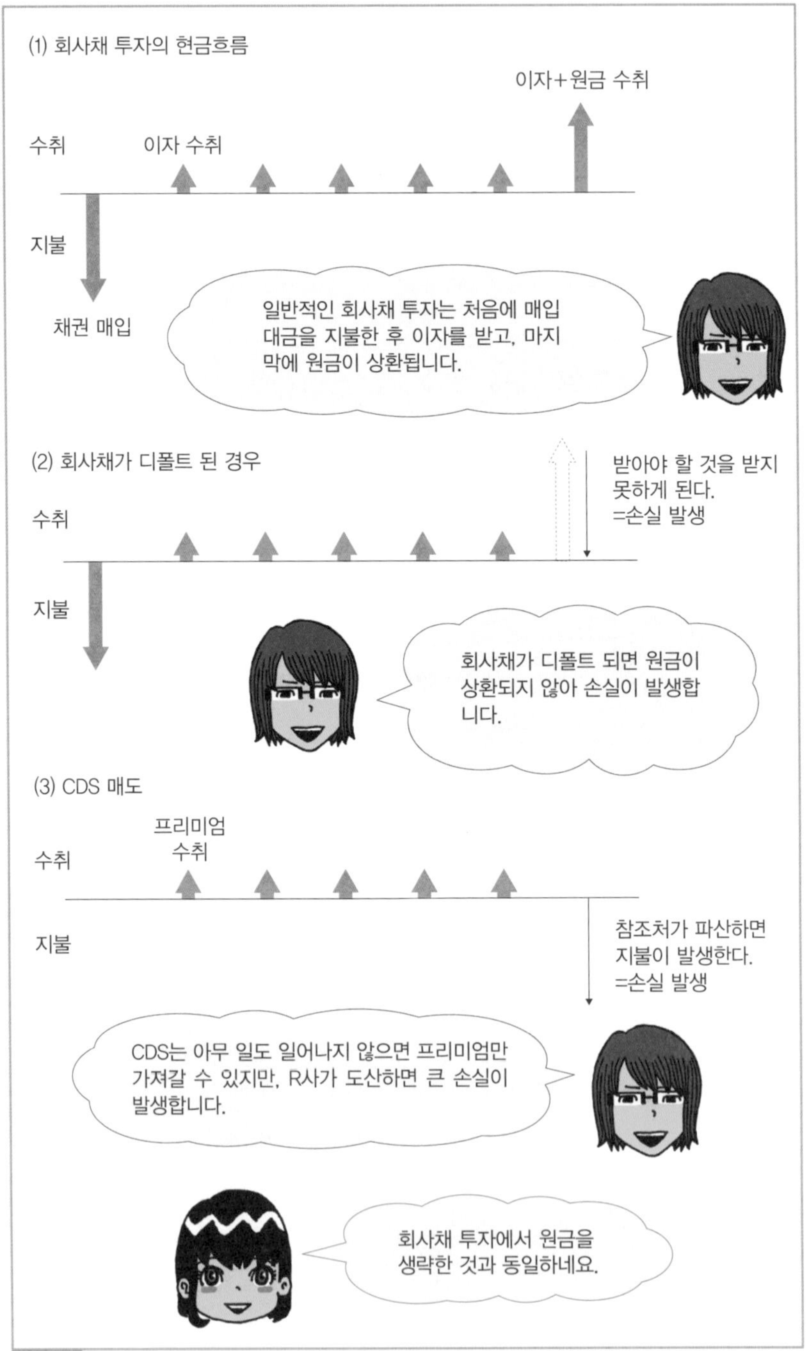

그림 42 회사채 투자와 CDS 매도

래할 수 있습니다. 예를 들어 R사와 S사 중 한쪽이 도산하면 손실 보전을 받는 계약도 가능합니다. 계약 당사자가 합의하면 계약이 성립되는 것이 장외거래의 기본이니까요. 그러니 자신도 모르는 곳에서 누군가가 자신의 파산 리스크를 임의로 거래하고 있을지도 모릅니다.

루나 : 편리하게 보이지만 왠지 찜찜하네요.

2-12 그 밖의 파생상품 거래

파생상품에는 다양한 거래가 존재한다

루나 : 파생상품의 주요 거래는 여기까지인가요? 장외파생상품은 자유롭게 계약할 수 있으니 실제로는 더욱 다양한 거래가 이루어지고 있겠죠?

히로 : 그렇습니다. 앞에서도 잠깐 다루었지만 곡물파생상품처럼 농산물이 원자산이 될 수도 있어요. 원유나 귀금속도 대상이 됩니다. 이러한 비금융 상품을 원자산으로 하는 파생상품을 **상품파생상품**이라고 합니다. 특히 원유는 선물거래가 활발하고 장외파생상품으로 거래되는 경우도 많습니다. 날씨를 원자산으로 하는 **날씨 파생상품**도 있습니다.

날씨 파생상품은 통계적으로 날씨의 확률을 추정하여 거래한다

루나 : 날씨를 실제로 거래할 수는 없잖아요. 그런데도 파생상품으로 다룰 수 있나요?

히로 : 날씨는 과거의 기상 데이터를 바탕으로 특정 지점의 특정 시기에 대강 어느 정도 기온이 될지, 비가 내릴 확률은 어느 정도일지 등을 통계적으로 추정할 수 있습니다. 따라서 기온이 30도를 넘으면 얼마를 받을 수 있고, 비가 며칠 이상 내리면 얼마를 지불하는지 등 계약의 가치도 계산할 수 있습니다. 나중에 옵션 이론의 개요를 살펴보겠지만, 기본적으로 이론에 적용되

그림 43 날씨 파생상품의 거래 예시

는 개념과 동일한 개념을 적용하면 **발생 확률을 합리적으로 추정할 수 있는 대상**은 **파생상품의 가격 계산이 가능**합니다.

물론 계산이 가능해도 거래를 원하는 사람이 모이지 않으면 거래는 확대되지 않겠죠.

루나 : 날씨 파생상품의 경우 예를 들어 눈이 안 오면 스키장은 장사가 안 될 테고, 비가 계속 내리면 리조트에는 손님이 줄겠죠. 이러한 리스크 헤지의 니즈가 있을 것 같아요.

히로 : 그렇습니다. 다만 **거래 확대 여부는 반대측의 니즈를 가진 사람이**

얼마만큼 있느냐에 좌우됩니다. 스키장을 예로 들면 스키장 측은 눈이 내리지 않으면 돈을 받을 수 있는 계약을 원합니다. 그 반대 측에 눈이 내리지 않으면 돈을 지불할 사람이 있어야 하고요. 물론 무조건 불리한 계약은 처음부터 성립하지 않으니 눈이 내리면 그 보상으로 이익이 오르는 거래가 되어야겠죠. 날씨 파생상품은 리스크 헤지의 니즈는 있지만 거래의 반대 측에 서서 리스크를 떠안을 사람이 그다지 많지 않아요. 따라서 아직은 주요 파생상품 거래라고 할 만한 규모를 이루고 있지 않습니다.

루나 : 날씨 투자가들이 늘어나면 날씨 파생상품도 좀 더 확대될 수 있겠네요.

지진 리스크나 대통령 선거의 결과 예측도 거래할 수 있다

히로 : 그 밖에 지진 등의 재해 리스크를 거래하는 **재해 파생상품**도 있습니다. 다만 지진의 경우에는 이미 지진 보험과 같은 구조가 마련되어 있기 때문에 파생상품에 대한 니즈가 그다지 크지 않습니다. 실현되지는 않았지만 미국에서는 한때 테러 발생 확률을 거래하는 **테러 선물시장**의 창설이 검토된 적도 있습니다.

루나 : 테러를 거래한다니 무슨 뜻인가요?

히로 : 실제로 미국 정부가 진지하게 검토한 거래로, 시장의 불가사의한 특징을 살려 테러 피해를 억제하려던 시도였습니다. 시장은 많은 사람들이 자유롭게 거래하는 장소잖아요. 그곳에서 거래가 축적되는 가운데 가격이 결정됩니다. 이를 **시장가격**이라고 하는데, 이 시장가격에는 많은 전문가가 머리를 맞대도 계산하기 어려운 사물의 가치를 순식간에 산출해내는 불가사의한 기능이 있다고 합니다. 애덤 스미스에 대해 들어본 적 있겠죠?

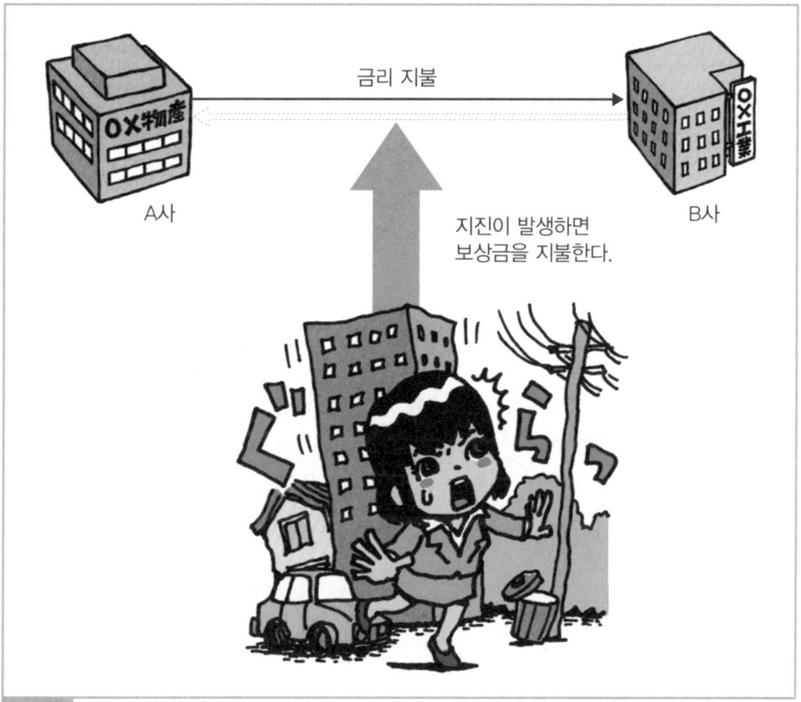

그림 44 다양한 파생상품(재해 파생상품)

루나 : 경제학을 확립한 사람 아닌가요?

히로 : 맞습니다. 스미스는 시장에서 자유로운 거래를 통해 수급이 균형을 이루는 적절한 가격이 자연스럽게 성립한다고 주장했습니다. 이른바 **'신의 보이지 않는 손'**이라고 하죠. 현재는 항상 그렇지 않다는 것이 밝혀졌지만 어쨌든 시장에는 이와 같은 중요한 기능이 있습니다. 시장에서 테러 발생 확률을 거래하면 전문가의 분석보다 신속하게 테러 발생을 예측할 수 있지 않겠냐고 생각한 거죠. 하지만 테러는 직접 거래할 수 없습니다. 그래서 계산만 가능하면 거래할 수 있는 파생상품으로 만들어도 좋지 않겠냐는 발상을 한 것이죠.

루나 : 실현되었더라도 거래가 순조롭지는 않았을 것 같아요.

그림 45 다양한 파생상품(대통령 선거 선물)

히로 : 실은 비슷한 거래가 실제로 이루어졌습니다. 예를 들어 미국에서는 대통령 선거에서 누가 당선될지 거래하는 시장이 있습니다. 원래는 시장의 기능을 연구하기 위해 마련된 실험적인 시장이었는데, 그곳에서 산출된 거래 가격이 전문가 분석이나 여론조사보다 더 정확하다는 이유로 지금은 선거 정세의 분석 등에도 활용되고 있습니다.

루나 : 대통령 선거가 파생상품이라니…….

히로 : 실제로 이라크 전쟁 후에 사담 후세인이 체포될 확률을 거래하는 시장이 있었는데, 그 가격이 급상승한 이틀 후에 정말로 후세인이 구속된 사례가 있었어요.

루나 : 비밀 정보를 쥐고 있던 미군 관계자가 거래한 건 아닌가요?

그림 46 사담 후세인이 체포되면 1달러를 받을 수 있는 거래

히로 : 진상은 알 수 없죠. 하지만 파생상품을 활용하여 실제로는 거래 불가능한 것도 거래가 가능해졌습니다. 거래를 통해 시장의 기능을 활용할 수 있게 된 거죠.

루나 : 파생상품은 다양한 자산을 거래 대상으로 삼을 수 있다는 걸 알게 되었어요. 이제 파생상품의 이론에 대해서 알려주실 거죠?

COLUMN

파생상품은 대량살상무기

워런 버핏은 세계 최대의 부호 중 한 사람입니다. 주식 투자로 당대에 막대한 부를 축적한 세계에서 가장 유명한 투자가이자 살고 있는 동네의 이름을 따서 '오마하의 현인'으로도 불립니다. 세계의 투자가들에게는 동경의 대상일 뿐만 아니라 금융계, 실업계, 정계를 막론하고 많은 신봉자가 존재하며 그의 언동에 세계의 이목이 집중됩니다. 그런 그가 파생상품을 '금융의 대량살상무기'라고 평가했습니다.

파생상품의 거래 잔고(원금)는 약 70경 원에 이릅니다. 상상하기 어려울 정도의 거액입니다. 그 중 개별적으로 거래 상대와 계약을 맺는 장외파생상품이 다수를 차지하고 있습니다. 이러한 거래는 특히 국제적인 대형 금융기관에 집중되는 경향이 있어서 대형 금융기관 사이에 이루어지는 거래량도 방대한 비중을 차지합니다.

만약 이토록 거대하고 복잡한 파생상품 거래 관계에서 일익을 담당하는 대형 금융기관이 도산이라도 한다면 틀림없이 큰 혼란이 일어날 것입니다. 이것이 '대량살상무기'라고 평가되는 이유입니다. 실제로 2008년에 미국에서 리먼 쇼크라는 금융 위기가 발생했을 때, 거액의 파생상품 거래로 인해 금융기관의 연쇄 도산이 우려되는 사태가 벌어졌습니다.

이러한 위험성을 조금이라도 회피하기 위해 이후 파생상품에 대한 국제적인 규제 강화가 계속해서 추진되고 있습니다. 시장이 지나치게 거대해진 폐해라고 할 수 있습니다.

덧붙이자면 버핏이 이끄는 버크셔 해서웨이 역시 파생상품을 활발히 거래하고 있습니다.

제3장

파생상품 가격 이론의 두 개의 축

파생상품의 가격 이론은 금융공학의 핵심이 되는 부분입니다. 미래 시점에서 발생하는 수취와 지불 금액의 가치, 그리고 옵션처럼 특수한 손익 특성을 지닌 상품의 가치를 어떻게 평가할 것인지가 중요한 테마입니다.

3-1 시점에 따라 달라지는 금액의 가치

발생하는 시점이 다르면 금액의 가치가 달라진다

루나 : 드디어 금융공학의 핵심이네요.

히로 : 먼저 **현금흐름의 평가**부터 살펴봅시다. **현금흐름은 미래에 수취하거나 지불하는 일련의 돈의 흐름**입니다. 보통은 1년마다 금리를 수취하거나 혹은 1년마다 금리를 지불하는 여러 번의 금액 수취 또는 지불을 한 세트라고 할 때 사용하는 용어이지만, 경우에 따라서는 일회성 금액의 수취나 지불도(1회 한정) 현금흐름이라고 합니다.

루나 : 미래에 일정 금액을 수취하거나 지불하는 것을 '현금흐름'이라고 한다, 이렇게 이해하면 되나요?

히로 : 그렇습니다. 이 현금흐름의 평가와 나중에 설명할 **옵션 이론**을 조합하여 다양한 금융상품의 가치를 계산할 수 있습니다. 우선 현금흐름의 평가를 이해하기 위해 **금리**의 효과를 조금 더 자세히 알아봅시다.

루나 : 금리는 돈을 빌려주거나 빌릴 때 발생하는 **이자**잖아요.

히로 : 여기서 고려해야 할 것은 ①지금 당장 받을 수 있는 1,000만 원과 ②1년 후에 받을 수 있는 1,000만 원의 가치를 어떻게 비교할 것인지 입니다. 같은 1,000만 원이니까 둘의 가치는 같을까요?

루나 : 음, 지금 당장 받을 수 있는 쪽이 좋을 것 같은데요.

히로 : 그렇죠. 지금 당장 받을 수 있는 1,000만 원은 예금하거나 안전한 방법으로 액수를 불릴 수 있습니다. 이것이 **금리효과**입니다.

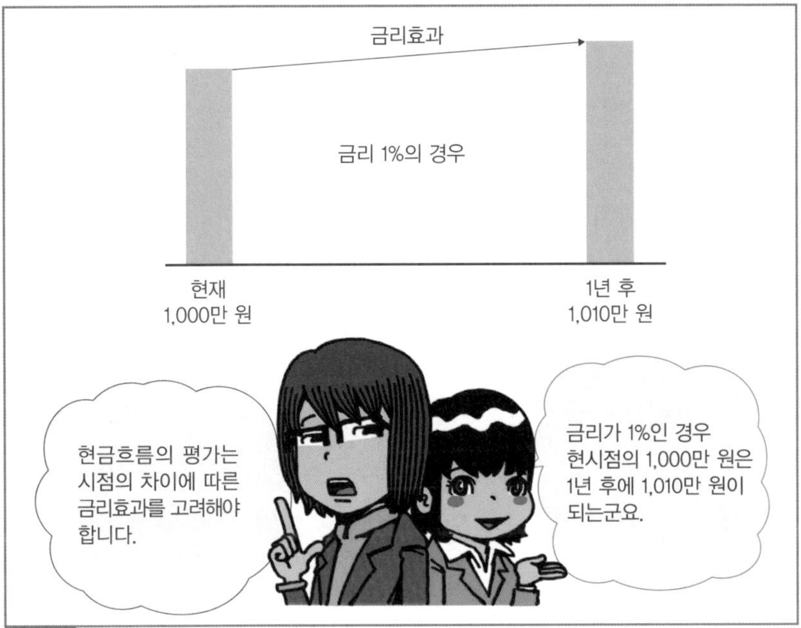

그림 1 상이한 시점의 금액 가치

현재 우리나라의 예금 금리는 매우 낮은 수준이라 그다지 큰 영향이 없을 것 같겠지만, 가령 예금 금리가 1%인 경우 현재의 1,000만 원은 1년 후에 틀림없이 1,010만 원이 됩니다. 즉 1년 후의 가치로 비교하면

지금 당장 받을 수 있는 1,000만 원 = 1년 후의 1,010만 원

> 1년 후의 1,000만 원

이라는 것을 알 수 있습니다.

루나 : 다시 말해 금리효과를 고려하여 동일한 시점에서 어느 쪽 금액이 큰지를 비교하는 것이군요.

현시점의 가치로 환산하면 미래 금액을 동일한 기준으로 비교할 수 있다

히로 : 맞습니다. 참고로 앞에 나온 예시는 비교하는 시점을 현재로 바꿔도 계산할 수 있습니다.

루나 : ①의 현시점의 가치는 1,000만 원이잖아요. 그럼 ②의 현시점의 가치는 어떻게 계산하나요? 1,000만 원 이하가 될 것 같긴 한데…….

히로 : 앞서 금리가 1%인 경우, 지금의 1,000만 원은 1년 후 가치로 따지면 1,010만 원이 된다고 했습니다. 반대로 말하면 1년 후의 1,010만 원을 현시점의 가치로 환산하면 1,000만 원이 됩니다. 마찬가지로 1년 후의 금액에 1,000만÷1,010만의 결과를 곱하면 현시점의 가치를 구할 수 있습니다. 앞으로의 계산에도 편리하게 적용할 수 있도록 10원 단위로 생각해 봅시다. 금리를 r(퍼센트가 아닌 실제 수치, 예를 들어 5%라면 0.05)이라고 하면

(현재) 10원 ⇒ (1년 후) 10원×(1+r)

양변에 $\frac{1}{(1+r)}$을 곱하면

(현재) 10원×$\frac{1}{(1+r)}$ ⇒ (1년 후) 10원

이 됩니다. 1년 후의 10원에 $\frac{1}{(1+r)}$을 곱하면 현재의 가치로 환산할 수 있습니다. 실제로는 10원 이하의 금액은 존재하지 않지만 미리 이러한 순서를 거쳐 10원 단위로 가정하면 이후에 환산할 금액을 곱하기만 하면 되니까 계산이 수월해집니다. 여기서 $\frac{1}{(1+r)}$을 **할인계수(Df : discount factor)**라고 합니다. 그리고 미래 금액에 할인계수를 곱해 구한 현시점의 가치를 **현재가치(PV : Present Value)**라고 하는데, 이 현재가치를 구하는 것을 **할인한다**고 합니다.

그림 2 미래의 현금흐름을 현시점의 가치로 할인하기

현재가치는 미래 금액에 시점별 할인계수를 곱해 구한다

루나 : 그러니까 **미래 금액×Df=현재가치**가 되는군요. 생각보다 간단하네요.

히로 : 이 계산식을 적용하면 미래 금액은 모두 현재가치로 환산할 수 있습니다. 이제는 현재가치를 비교하면 되니까 아주 간단해

집니다. 앞의 예시의 경우

$$1년\ 후의\ 1{,}000만\ 원의\ 현재가치=1{,}000만\ 원\ \times \frac{1}{(1+0.01)}$$

$$=990만\ 990원(끝수\ 버림)$$

이므로 지금 1,000만 원을 받는 것보다 가치가 낮아집니다.

루나 : 2년 후에 받는 1,000만 원도 동일한 계산식을 적용하면 되나요?

히로 : 개념은 같아요. 다만 금리가 동일한 1%라도 기간이 2년이므로 할인계수의 값이 달라집니다. 기간 2년의 할인계수는 $\frac{1}{(1+r)^2}$ 이 됩니다. 그러니까

(현재) 1,000만 원 ⇒ (1년 후) 1,010만 원

이 되고, 그 후 1년 동안은 원금이 1,010만 원으로 증가한 상태에서 금리 1%가 붙게 되므로

⇒ (2년 후) 1,010만 원×(1+0.01)=1,020만 1,000원

이 된다는 것을 의미합니다. 이를 **복리계산**이라고 합니다. 이에 반해 단순히 1%×2=2%만 증가하므로 2년 후에 1,020만 원이 된다고 계산하는 것이 **단리계산**입니다. 앞으로 설명하겠지만, LIBOR와 같은 기간이 짧은 금리는 단리로 계산하는 경우가 많고 1년 이상 기간이 길어지면 단리를 적용하기 어려워지므로 복리 계산식을 적용하는 경우가 많습니다.

루나 : 기간이 다를 때는 다른 **할인계수**를 적용하여 현재가치를 계산하면 된다는 건가요?

히로 : 그렇습니다. 이를 통해 미래의 일련의 돈의 흐름, 즉 현금흐름의 가치를 계산할 수 있습니다. 예를 들어

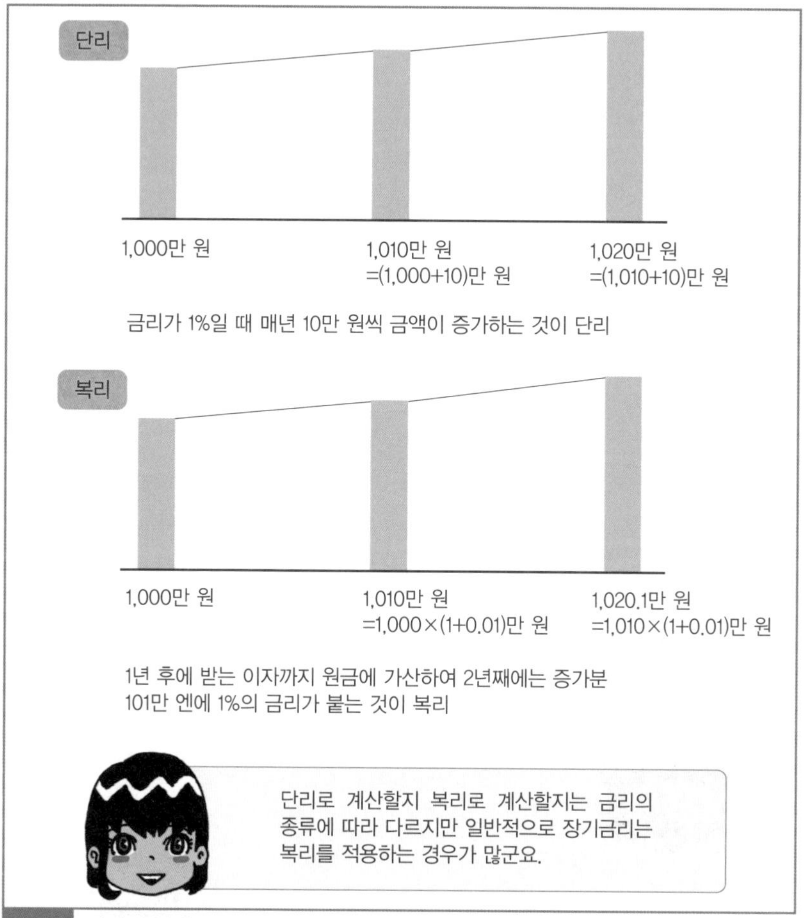

그림 3 단리와 복리

① 1년 후에 510만 원 수취

2년 후에 510만 원 수취

② 1년 후에 10만 원 수취

2년 후에 1,010만 원 수취

이러한 두 가지 현금흐름의 가치를 비교할 수 있습니다. 단순히 금액을 합하면 둘 다 1,020만 원이지만 현재가치는 어떻게 다를까요? 한번 계산해 봅시다.

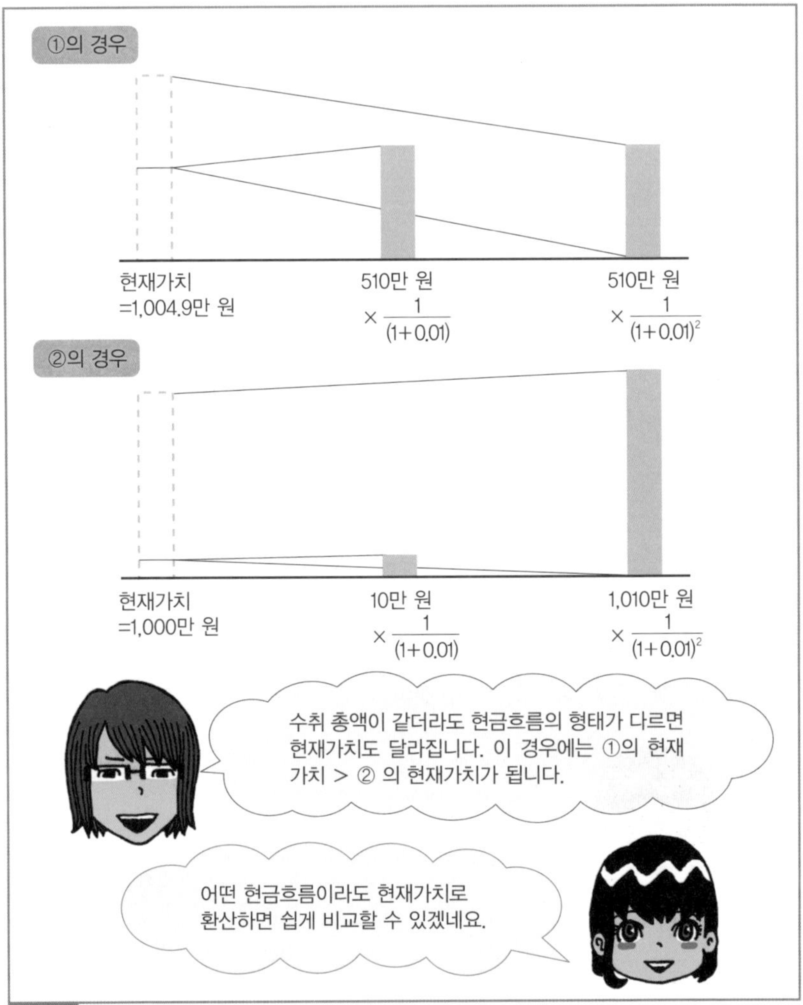

그림 4 현금흐름의 현재가치 비교

루나 : 이렇게 되겠네요.

① $510\text{만 원} \times \frac{1}{(1+0.01)} + 510\text{만 원} \times \frac{1}{(1+0.01)^2} = 1{,}004\text{만 } 9{,}000\text{원}$

② $10\text{만 원} \times \frac{1}{(1+0.01)} + 1{,}010\text{만 원} \times \frac{1}{(1+0.01)^2} = 1{,}000\text{만 원}$

결론은 ①이 이득이 됩니다.

3-2 어떤 금리를 적용할 것인가?

할인계수에 적용할 금리는 기간에 따라 다른 금리를 적용한다

루나 : 금리만 이해하면 아주 간단하게 현금흐름의 가치 계산이 가능하네요.

히로 : 그렇습니다. 그런데 어떤 금리를 적용해서 계산하면 되는지 아직 설명하지 않았어요.

루나 : 예금 금리를 적용하면 되잖아요.

히로 : 그렇게 생각할 수도 있지만, 일반인들이 맡기는 예금 금리는 해당 은행이 제시하는 금리이기 때문에 시장에서 거래되는 그때그때의 최신 금리라고 할 수 없습니다. **시장에서 거래되는 최신 금리로 계산하는 것이 금융공학의 기본**입니다.

게다가 예금에는 아무래도 장기간 상품이 없기 때문에 먼 미래의 현금흐름의 가치를 계산할 경우에는 적용할 수 없어요.

루나 : 기간이 길어져도 동일한 금리를 적용해서 복리로 계산하면 되지 않나요?

히로 : 그 부분이 지금부터 설명할 포인트의 하나입니다. 금리는 **적용되는 기간에 따라 수준이 달라집니다.** 예를 들어 1년 차입과 2년 차입은 적용되는 금리가 다릅니다.

따라서 앞에 나온 할인계수 계산식도 정확하게는 각각의 기간에 따른 금리 r_i을 적용하여 다음과 같이 계산해야 합니다.

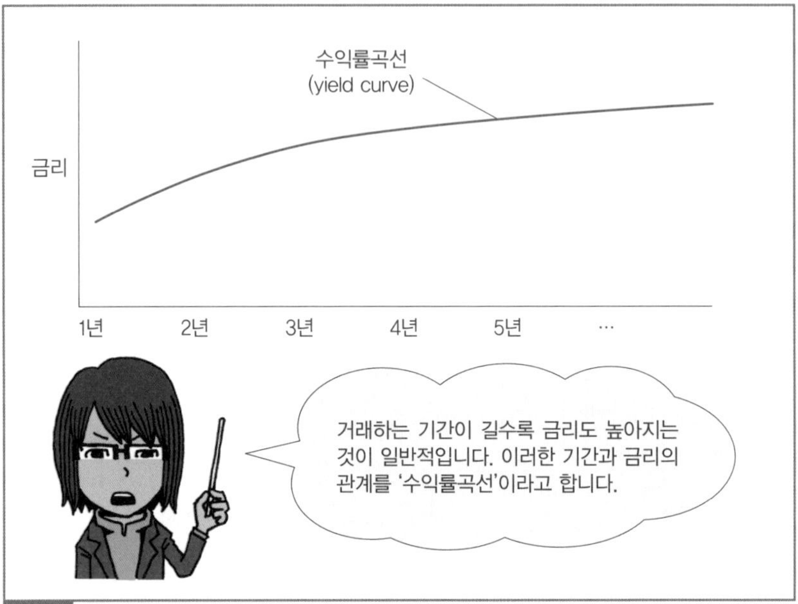

그림 5 기간과 금리의 관계

$Df_i = \frac{1}{(1+r_i)^i}$ = ……i년 후에 발생하는 금액을 현재가치로 환산할 때의 할인계수

실제 할인계수 계산은 조금 다른 순서를 거치지만 개념은 위와 같이 이해해 두세요.

'안전하고 확실'한 LIBOR와 같은 금리를 적용한다

루나 : 음, 그래서 구체적으로 어떤 금리를 적용하나요?

히로 : 이 계산에 적용하는 금리는 안전하고 확실하게 해당 금리만큼만 금액이 증가해야 의미가 있어요. 예를 들어 수상한 금융업자가 '1년 동안 20%의 이자를 지불한다'고 했어도 안전하고 확실한 정보가 아니라면 이를 바탕으로 현금흐름의 가치를 계산할 수 없습니다.

앞서 설명한 바와 같이 LIBOR는 은행 간 거래되는 예금입니다. 따라서 안전하고 실제로 시장에서 거래되는 최신 금리가 매일 공표되므로 현재가치 계산에 안성맞춤입니다. 참고로 이러한 안전하고 확실한 금리를 **무위험금리(risk-free interest)**라고 합니다. 여기서 '~free'는 '알콜 프리(alcohol free)'의 free와 마찬가지로 '~이 없다'는 의미입니다. 안전하고 확실해서 리스크가 없는 금리라는 뜻이죠.

루나 : 하지만 은행도 망할 수 있잖아요. 리스크가 정말로 없다고 할 수 있을까요?

히로 : 물론 은행이라고 해서 리스크가 제로인 것은 아닙니다. 그러나 LIBOR는 특정 은행이 아니라 건전한 은행들이 그때그때 거래하는 금리이므로 리스크는 무시할 수 있을 만큼 작다고 할 수 있습니다. 이 점에 대해서는 의론이 분분하지만 지금은 리스크가 없는 금리로 이해하면 됩니다.

루나 : 그럼 다양한 기간의 LIBOR를 적용하면 되겠군요.

히로 : LIBOR에는 1개월, 2개월, 3개월, 6개월, 12개월(1년) 등 다양한 기간의 금리가 있으니까 1년 이내는 기간별 금리를 적용합니다. 3개월 후의 금액은 3개월 LIBOR를 적용하여 계산하면 됩니다. 단, LIBOR에는 1년 이상의 금리가 없습니다.

1년 이상의 LIBOR는 없으므로 대신 스왑금리를 적용한다

루나 : 그럼 어떻게 하나요?

히로 : 앞서 금리스왑에 대해 설명했습니다.

루나 : 고정금리와 변동금리를 교환하는 거래가 금리스왑이죠.

히로 : 예를 들면 기간 5년에 고정금리와 그때그때의 LIBOR를 적용한 변동금리를 교환하는 겁니다. 이러한 금리스왑은 은행 간에 매우 활발히 거래되고 있습니다.

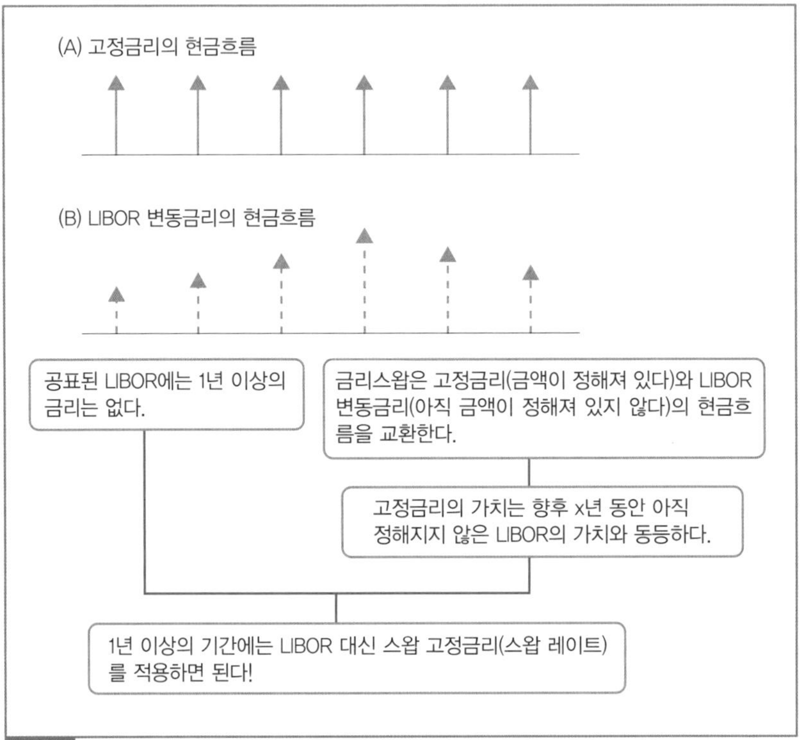

그림 6 LIBOR 대신 적용하는 스왑금리

금리스왑을 통해 고정금리와 LIBOR를 적용한 변동금리가 교환된다는 것은

고정금리×5년분의 가치=LIBOR×5년분의 가치

의 관계가 성립된다는 것을 의미합니다.

루나 : 가치가 동일하지 않으면 교환이 성립되지 않잖아요.

히로 : 맞습니다. 따라서 기간 5년의 LIBOR는 존재하지 않지만, 은행간 시장의 금리스왑을 통해 거래되는 최신 고정금리는 향후 5년 동안의 LIBOR와 동일한 가치를 가진다고 보아 이를 현재가치 계산에 적용합니다. 금리스왑에 적용되는 고정금리는 단순히 **스왑금리**(또는 **스왑 레이트**)라고 합니다. 실제로 시장에서

LIBOR	
3개월 LIBOR	0.40%
6개월 LIBOR	0.50%
12개월 LIBOR	0.60%

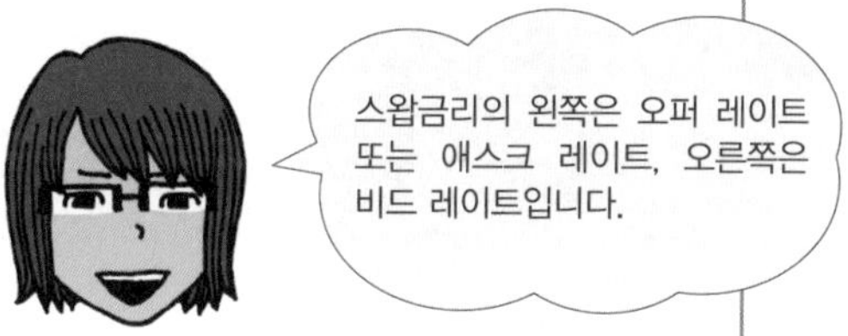

스왑금리	
2년 0.81%	0.79%
3년 1.02%	1.00%
4년 1.10%	1.08%
5년 1.16%	1.14%
·	
·	
·	

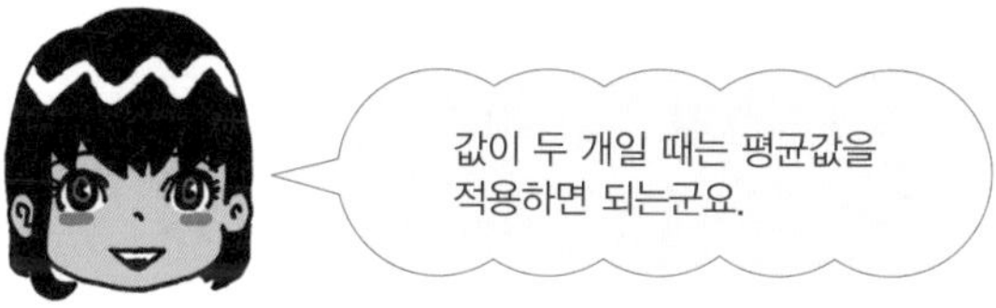

그림 7 시장의 금리 표시

는 매일 **그림7**과 같은 금리 정보를 얻을 수 있습니다.

루나 : 스왑금리는 왜 두 개인가요?

히로 : 시장에서는 이러한 레이트 표시 방법을 취합니다. 수치가 작은 오른쪽이 **비드 레이트**(Bid Rate)인데, 이 레이트로 고정금리를 지불하는(변동금리를 수취하는) 거래를 해도 괜찮겠다고 생각하는 상대가 있다는 것을 나타냅니다. 수치가 큰 왼쪽은 **오퍼 레이트**(Offer Rate) 또는 **애스크 레이트**(Ask Rate)라고 하는데, 이 레이트로 고정금리를 수취하길 원하는 상대가 있다는 것을 의미합니다.

루나 : 두 개가 있으면 어느 쪽을 적용해야 하는지 알 수 없지 않나요?

히로 : 계산할 때는 두 개 값의 평균을 적용하는 경우가 많습니다. 이를 중간 금리라는 의미로 **미드 레이트**(Mid Rate)라고 합니다.

루나 : 휴우~ 이제 현재가치 계산에 적용하는 금리는 해결되었네요.

3-3 스폿 레이트로 변환하기

스왑금리는 스폿 레이트로 변환할 필요가 있다

히로 : 미안하지만 지금부터 조금 복잡해집니다. 원화 거래 스왑의 고정금리는 일반적으로 반년마다 금리를 지불하게 되어 있으므로 현금흐름은 **그림8**과 같은 형태가 됩니다.

실제 스왑에서는 원금의 현금흐름은 발생하지 않는데, 그 이유는 고정금리의 원금과 변동금리의 원금이 동일한 금액이라 동일한 금액을 교환해봤자 의미가 없기 때문에 생략하는 것뿐입

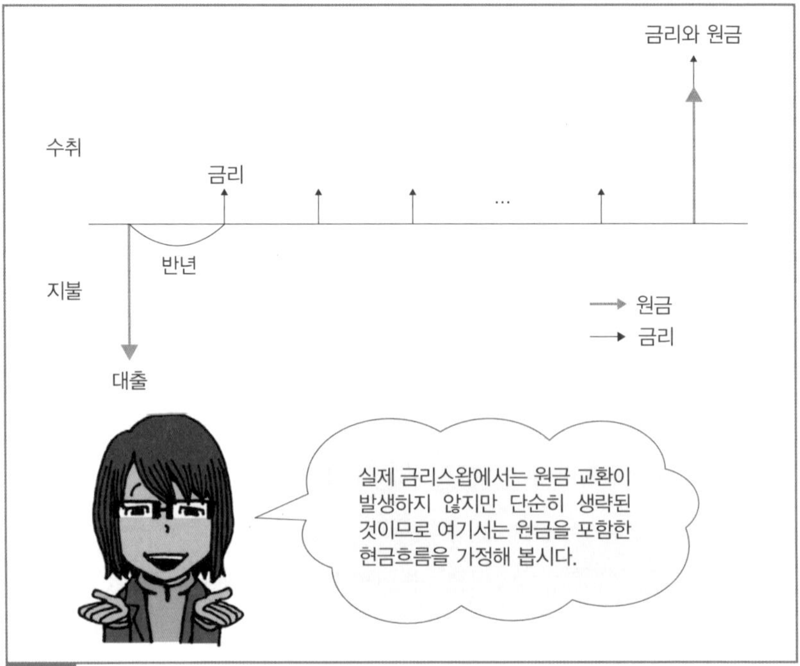

그림 8 고정금리의 현금흐름(원금 포함)

니다. 따라서 여기서는 원금이 존재하는 것으로 가정합니다. 원금을 포함하면 스왑금리를 통해 돈을 빌려준 것과 동일해지므로 이러한 구조를 연상하면 이해하기 쉬울 수도 있습니다. 그럼 여기서 여러 건의 금액 수취로 이루어지는 현금흐름의 평가를 살펴봅시다. 이 현금흐름의 현재가치는 각각의 수취 금액의 현재가치를 합계한 것이므로 우선 각각의 수취 금액을 현재가치로 환산할 필요가 있습니다. 각각의 수취 금액만을 추

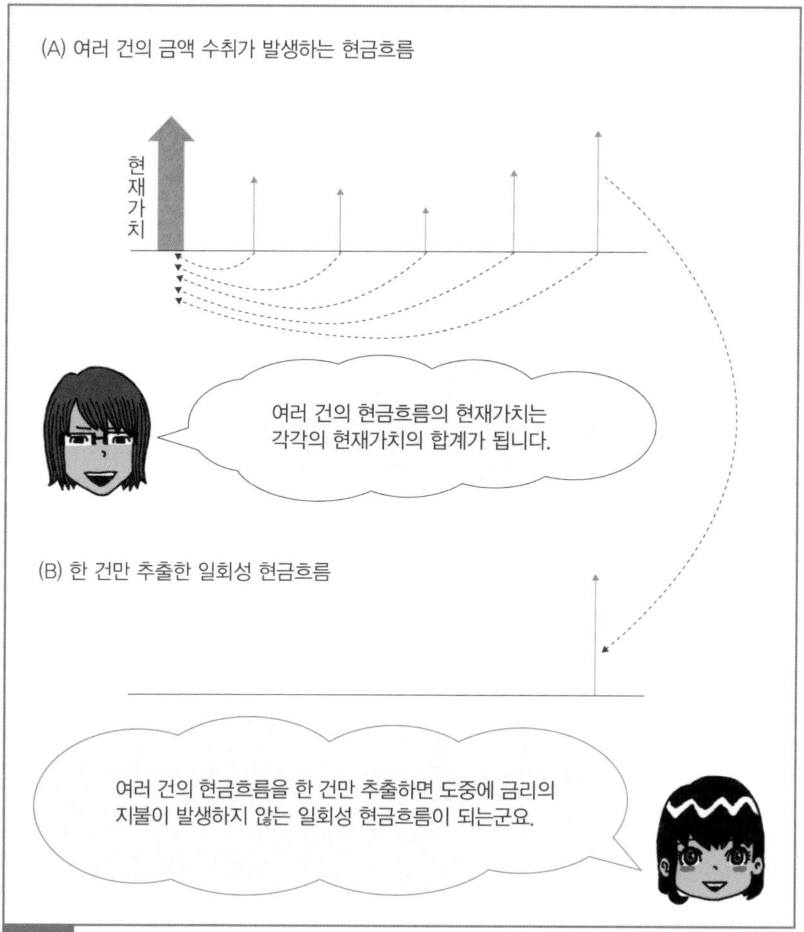

그림 9 일회성 현금흐름

출하면 **그림9**의 (B)와 같은 형태를 가진 현금흐름이 됩니다. 이 현금흐름은 도중에 금액의 수취와 지불이 발생하지 않는 형태를 나타냅니다. 즉, **일회성 현금흐름**이라고 할 수 있습니다.

이러한 일회성 현금흐름을 현재가치로 할인하려면 **스폿 레이트**(spot rate)를 적용할 필요가 있습니다. 스폿 레이트란 일회성 현금흐름과 같이 도중에 금액의 수취나 지불이 발생하지 않는 형태의 현금흐름에 적용되는 금리를 말합니다. 그런데 **그림8**에서 알 수 있듯이 스왑의 현금흐름은 도중에 금액이 발생하는 형태를 가지고 있습니다. 다시 말해 스왑금리(스왑 레이트)는 도중에 금액이 발생하는 현금흐름에 적용되는 금리이므로 스폿 레이트에 해당되지 않습니다. 따라서 일회성 현금흐름을 현재가치로 할인하려면 스왑금리를 그대로 사용할 수 없습니다.

루나 : 그럼 일회성이 아닌 스왑과 같은 현금흐름을 평가하고 싶을 때는 스왑금리로 계산할 수 있겠네요.

히로 : 그렇지만 평가하려는 현금흐름이 매번 스왑과 같은 형태를 가지고 있지는 않겠죠. 따라서 어떤 형태의 현금흐름이라도 일회성 현금흐름의 집결체로 간주하여 그 각각을 현재가치로 환산하는 겁니다.

루나 : 뭐가 뭔지 복잡해지기 시작했어요.

히로 : 금융공학은 공학을 바탕으로 하는 만큼 논리적으로 매우 정교하게 만들어져 있습니다. 앞뒤가 맞지 않는 것은 용납되지 않죠.

루나 : 그런데 스왑의 현금흐름이 평가하고 싶은 일회성 현금흐름과 형태가 다르면 스왑금리를 적용할 수 없지 않나요?

히로 : 그렇기 때문에 스왑의 현금흐름을 도중에 금리가 없는 일회성 형태로 전환하는 기술이 필요합니다.

루나 : 어떻게요?

스왑금리를 스폿 레이트로 변환하려면 도중의 현금 흐름을 제거할 필요가 있다

히로 : 먼저 1년짜리 스왑부터 살펴봅시다. 앞서 LIBOR는 기간이 1년까지 있고 그 이후는 스왑금리를 적용하여 계산한다고 했는데, 실제로는 스왑에도 1년짜리 거래가 있습니다. 쉽게 이해하기 위해 다음과 같이 가정해 봅시다. 스왑금리가 1%이고 금리는 반년마다 발생한다고 할 때 현금흐름은 **그림10**과 같은 형태가 됩니다. 도중에 이자 지급이 발생하지 않는 형태로 변환하려면 ②부분에 표시된 반년 후의 이자가 방해가 됩니다. 이 부분을 6개월 LIBOR를 적용하여 현재가치로 전환하면 어떻게 될까요?

루나 : LIBOR는 그대로 적용하면 되나요?

히로 : LIBOR는 도중에 금리를 주고받지 않아 **그림9 (B)**와 같은 형태가 되므로 그대로 적용해도 됩니다. 하지만 금리는 **연율**이라 1년분으로 표시되기 때문에 실제 이자액은 계산 기간에 맞춰 계산해야 합니다. 6개월 LIBOR는 계산 기간이 6개월이니까 연율 금리에 (6개월간의 일수)÷(1년간의 일수)를 곱해 6개월분으로 계산합니다. LIBOR의 경우는 일수 계산 방법이 조금 달라서 1년을 365일이 아닌 360일로 계산합니다. 이 부분도 까다롭지만 6개월 LIBOR가 0.5%인 경우, 6개월 후의 금액을 현재가치로 전환하는 할인계수는

$$Df_{6m} = \frac{1}{1+0.005\times\frac{\text{반년간 일수}}{360}}$$

이 됩니다. 실제로는 오늘부터 반년 후까지의 일수를 세어야 하지만 여기서는 반년의 일수=182.5일로 합니다. 0.5일은 실제 금리 계산에서는 사용하지 않지만 어디까지나 개념을 이해하

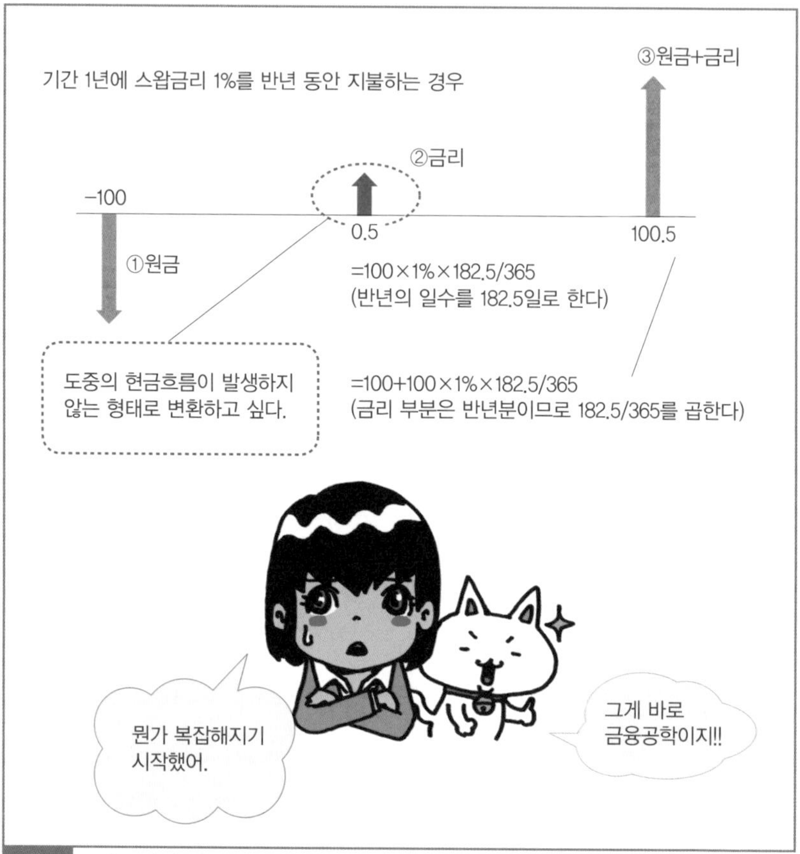

그림 10 1년 스왑의 원금 포함 현금흐름①

기 위해 간편하게 계산합니다.

$$Df_{6m} = \frac{1}{1+0.005\times\frac{182.5}{360}}$$

위의 산식을 곱하면 반년 후의 금액을 현재가치로 할인할 수 있습니다. 즉, **그림11**과 같이 됩니다.

이제 스왑의 현금흐름을 변환하여 일회성 현금흐름과 마찬가지로 도중에 금액의 수취와 지불이 발생하지 않는 현금흐름의

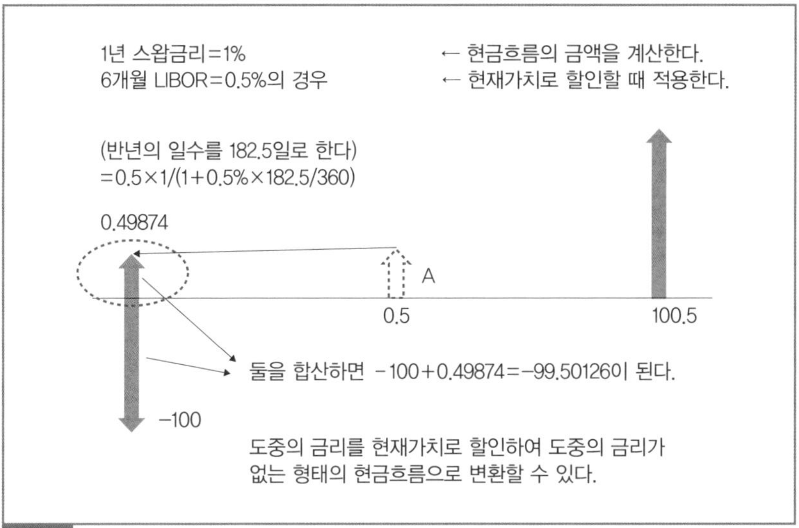

그림 11 1년 스왑의 원금 포함 현금흐름②

형태가 되었습니다.

루나 : 휴우, 정신이 하나도 없네요.

히로 : 다시 한 번 정리해 봅시다. 스왑의 현금흐름에서 발생하는 반년 후의 수취 금액(+0.5)은 현재가치로 환산하면 +0.49874가 됩니다.

(현재의 0.49874) ⇒ (반년 후의 0.5)

따라서 **그림12**의 (A)와 (B)는 동일하다고 볼 수 있습니다.

루나 : 남아있는 금액 −99.50126은 어떻게 하나요?

히로 : 그 금액은 다음 단계에서 제거되니까 그대로 두어도 됩니다.

스왑 고정금리의 모든 현금흐름의 현재가치 합계가 제로가 된다는 전제를 바탕으로 할인계수를 계산할 수 있다

히로 : 여기서 중요한 전제가 있습니다. 스왑 고정금리의 모든 현금흐름의 현재가치를 더한 것은, 다시 말해 처음의 원금이 마이너

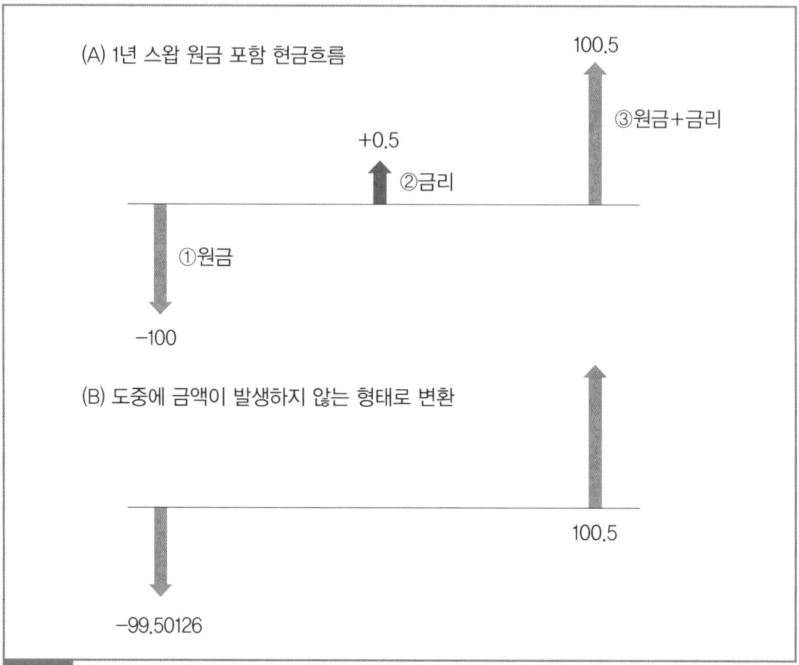

그림 12 1년 스왑의 원금 포함 현금흐름③

스가 된 부분까지 포함해서 제로가 되어야 합니다.

루나 : 왜 그래야 하죠?

히로 : 파생상품 계산에서는 **시장에서 거래되는 가격이 적정하다는 것이 전제**가 되기 때문입니다. 여기서 '적정한 가격'은 **득도 실도 없다**는 의미입니다. 그 가격으로 거래하면 어느 쪽에게도 득이나 실이 발생하지 않는 공평한 가격이 적정한 가격입니다. 이 경우라면 스왑금리는 이 금리로 돈을 빌려주거나 빌려도 득실이 발생하지 않는 금리로 간주됩니다. 그런데 만일 스왑의 현금흐름의 현재가치의 합이 플러스라면 이 스왑금리로 돈을 빌려주면 득이 됩니다. 반대로 마이너스이면 실이 됩니다. 적정한 금리로 거래했는데 득실이 발생한다는 건 정상적이지 않다는 거죠. 물론 스왑금리는 시시각각 변하므로 과거의 금리에 대해

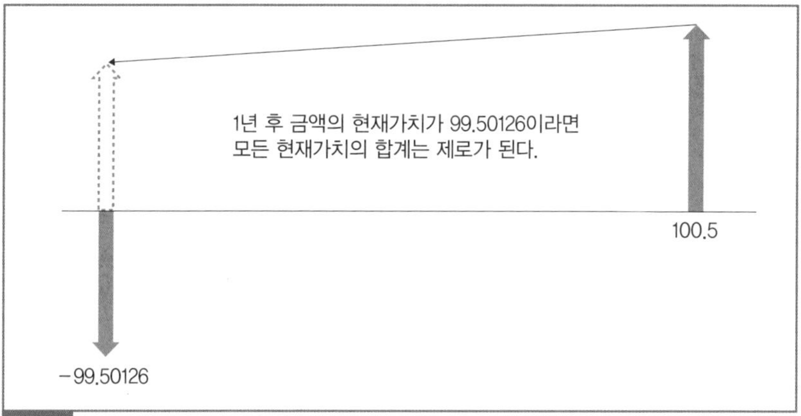

그림 13 모든 현재가치의 합계가 제로가 되기 위해서는?

이 전제는 성립되지 않습니다. 그러나 최신 스왑금리에 대해서는 득도 실도 없는 금리라는 전제가 성립될 것입니다.

루나 : 이러한 전제를 통해 무엇이 가능해지나요?

히로 : **그림12 (B)**로 돌아가 봅시다. 1년 후의 금액은

$$100+100\times 1\%\times \frac{182.5}{365}=100.5$$

(간략화를 위해 반년의 일수를 182.5일로 한다)

였습니다. 앞서 계산한 도중의 현금흐름의 현재가치를 A라고 할 때, 1년 후 금액의 현재가치가 100-A와 동등해지면 현금흐름의 모든 현재가치의 합계가 제로가 되겠죠?

루나 : 그렇긴 한데…….

히로 : 그렇다면

(현재) 100−A=99.50126 ⇒ (1년 후) 100.5

라는 관계가 성립되므로 1년 후 금액을 할인하기 위한 할인계수는

$$Df_{1Y}=\frac{99.50216}{100.5}=0.99006\cdots\cdots$$

이 됩니다. 스왑금리는 득실이 없는 금리라는 전제를 통해 이러한 계산이 가능해집니다.

실무에서는 먼저 할인계수를 구한 후에 스폿 레이트를 역산한다

루나 : 앞에 나온 계산식과 전혀 다른데요.

히로 : 개념은

$$Df_i = \frac{1}{(1+r_i)^i} \cdots\cdots 1\text{년의 경우}$$

그대로 활용하면 되지만 스왑금리는 그대로 적용할 수 없으므로 지금 설명한 순서로 먼저 할인계수를 구합니다. 할인계수가 구해지면 이 식을 사용하여 r을 역산으로 구할 수 있습니다.

$$Df_1 = 0.99006 = \frac{1}{(1+r_1)}$$

$$1+r_1 = \frac{1}{0.99006}$$

$$r_1 = \frac{1}{0.99006} - 1 \fallingdotseq 1.00398\%$$

여기서 r은 도중에 이자에 상당하는 금액의 수취와 지불이 발생하지 않는 형태를 가진 금리이므로 현재가치의 계산에 적용할 수 있는 스폿 레이트에 해당합니다. 이자(쿠폰)가 없는 금리라는 의미에서 **제로 쿠폰 레이트**라고 부르기도 합니다. 할인계수를 계산할 때는 이 스폿 레이트를 적용해야 하는데, 스왑금리는 그 자체가 스폿 레이트가 아니므로 스폿 레이트로 변환하여 적용해야 합니다. 그래서 이러한 번거로운 순서와 시간을 들여 계산하는 것이죠.

할인계수는 기간이 짧은 것부터 긴 것까지 순차적으로 구한다

히로 : 1년 후 할인계수의 계산이 가능하면 다음은 1.5년의 스왑금리를 적용하여 마찬가지로 1.5년 후의 할인계수를 계산할 수 있습니다. 2년 후, 2.5년 후, 3년 후…… 이런 식으로 계산을 반복해 나가면 됩니다.

1.5년이나 2.5년의 스왑금리를 모를 때는 방법이 없으므로

$$1.5\text{년의 스왑금리} = \frac{(1\text{년 스왑금리} + 2\text{년 스왑금리})}{2}$$

로 구할 수 있습니다.

루나 : 적당히 넘어가는 부분도 있네요.

히로 : 여러 가지 정밀한 방법도 있지만 시장금리를 얻을 수 없는 기간에는 그 기간 전후의 금리로 추정할 수밖에 없습니다.

우선은 앞서 구한 할인계수를 적용하여 도중의 금액을 현재가치로 변환하고 할인계수를 순차적으로 구해나갑니다. 하나의 할인계수가 정해지면 다음 할인계수를 구할 수 있으므로 하나씩 하나씩 계산해 나가면 장기간에 대응하는 할인계수도 계산할 수 있습니다.

루나 : 쉬운 일이 아니네요.

히로 : 실제로는 일일이 계산할 필요가 없어요. 컴퓨터 프로그램으로 순식간에 계산할 수 있으니까요. 그러니 개념만 이해해 두면 됩니다.

루나 : 정리해보자면 이런 거군요. 스왑금리는 도중에 이자가 발생하는 금리이므로 그대로는 할인계수를 계산할 수 없습니다. 따라서 도중에 금액이 발생하지 않는 형태로 변환하여 순차적으로 할인계수를 계산해 나갑니다. 이상!

히로 : ……뭐, 핵심은 그 정도가 되겠네요.

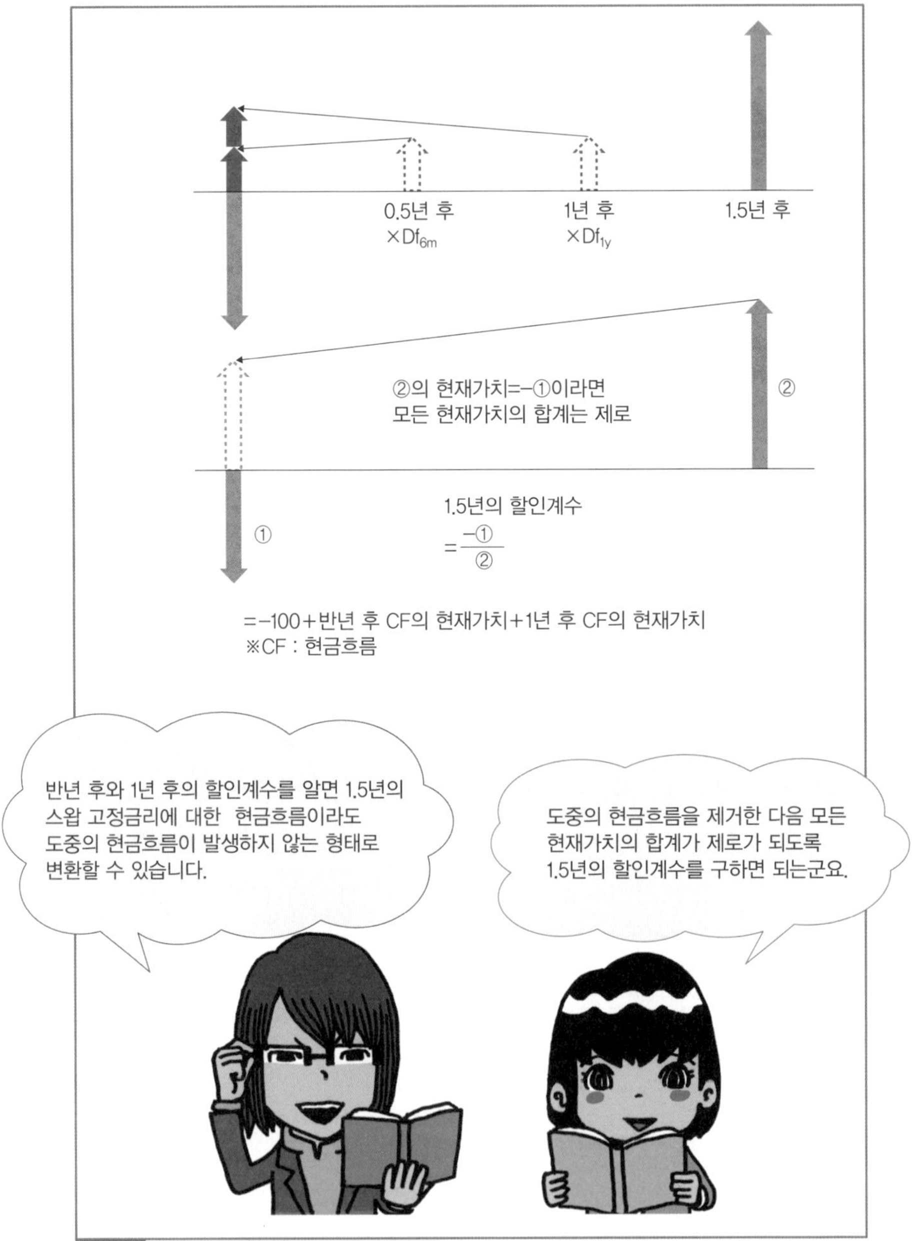

그림 14 1.5년 후의 할인계수 구하는 방법

◇기간 1년 이내

LIBOR 금리를 그대로 적용하여 계산한다.

※ LIBOR는 1년을 360일로 계산하므로 주의할 것.

◇기간 1년 이상

스왑금리를 적용하여 계산한다.

다만 스왑금리는 도중에 현금흐름이 발생하는 금리이므로 그대로 적용할 수 없다.

따라서 0.5년, 1년의 할인계수를 구하여 스왑금리의 현금흐름을 도중에 수취와 지불이 없는 형태로 변환한 후 1.5년의 할인계수를 구한다.

⬇

0.5년, 1년, 1.5년의 할인계수를 구하여 스왑금리의 현금흐름을 도중에 수취와 지불이 없는 형태로 변환한 후 2년의 할인계수를 구한다 .

⬇

이러한 순서의 반복을 통해 순차적으로 할인계수를 구해나간다.

그림 15 할인계수 구하는 방법 정리

3-4 등가교환의 원칙

등가교환의 원칙을 바탕으로 미래의 변동금리 가치를 구할 수 있다

루나 : 지금까지의 설명으로 할인계수를 적용하여 미래 금액을 현재 가치로 환산하면 다양한 현금흐름의 가치를 동일한 기준으로 계산할 수 있다는 것을 알게 되었어요.
그런데 변동금리는 아직 미래의 금액을 알 수 없으니까 계산할 수 없겠죠?

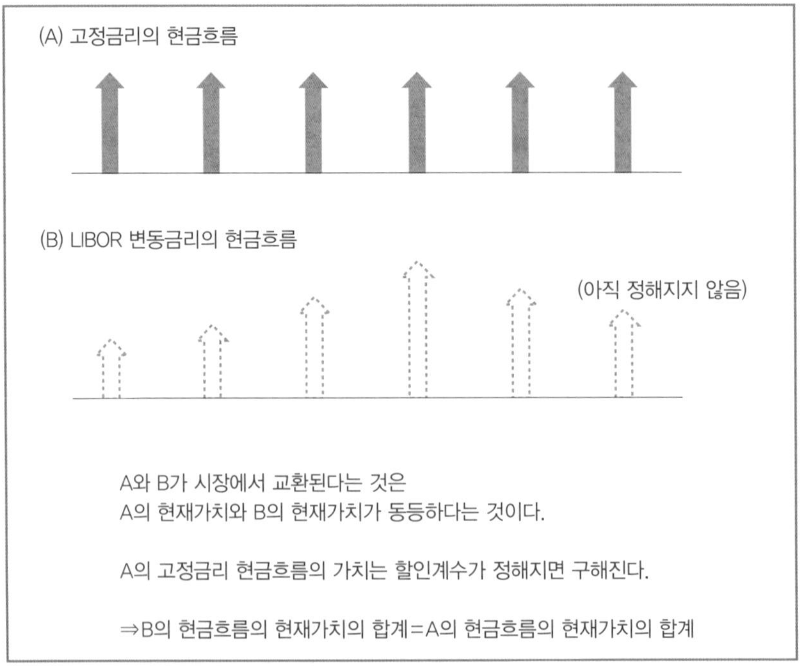

그림 16 아직 정해지지 않은 LIBOR의 현재가치

히로 : 그렇지 않습니다. 지금부터가 금융공학이 진짜 실력을 발휘하는 부분입니다. 키워드는 **등가교환**입니다.

루나 : 등가교환은 가치가 동등한 것을 교환한다는 거잖아요. 당연한 거 같은데요.

히로 : 현금흐름의 가치는 현재가치로 환산함으로써 계측이 가능하다는 것이 지금까지의 설명이었습니다. 그리고 현재가치가 동등한 현금흐름은 서로 교환할 수 있습니다. 물론 당연한 얘깁니다. 그런데 금리스왑은 무엇과 무엇을 교환하는 거래라고 했었죠?

루나 : 고정금리와 변동금리의 교환이요.

히로 : 다시 말하면 고정금리와 변동금리에 대한 현금흐름의 현재가치가 등가이므로 교환이 가능하다는 겁니다. **그림16**을 봅시다. 단, 여기서는 실제로 교환하는 현금흐름을 나타내기 위해 원금을 생략했습니다. 금리스왑이 성립하려면 고정금리의 현금흐름과 변동금리에 대한 현금흐름의 현재가치가 동등해야 하므로 아직 정해지지 않은 변동금리의 현재가치도 고정금리(이자만)의 현금흐름의 현재가치를 알면 구할 수 있습니다.

변동금리의 현재가치=이것과 교환할 수 있는 고정금리의 현재가치

이니까요.

루나 : 그렇군요.

원금을 포함한 현금흐름도 결과는 같다

히로 : 금리스왑은 금리를 교환하는 거래입니다. 실제로 원금은 교환하지 않는데, 고정금리의 원금과 변동금리의 원금이 동일한 금액이므로 동일한 금액을 교환하든 안 하든 다르지 않기 때문에 교환이 생략되는 것뿐입니다. 따라서 실제로 수취와 지불이

이루어지는 금리만을 검토해도 되고, 실제로는 생략되어 있는 원금을 포함하여 검토해도 됩니다. 지금까지는 원금을 생략한 형태를 검토했으니 이번에는 원금을 포함해도 같은 결과가 되는지 살펴봅시다. 앞서 원금을 포함한 경우, 고정금리가 최신 시장금리라면 이 금리로 돈을 빌리거나 빌려줘도 득실은 발생하지 않으므로 현재가치의 총합계는 제로가 된다고 설명했었죠. 변동금리 역시 이와 등가이므로 변동금리도 원금을 포함하면

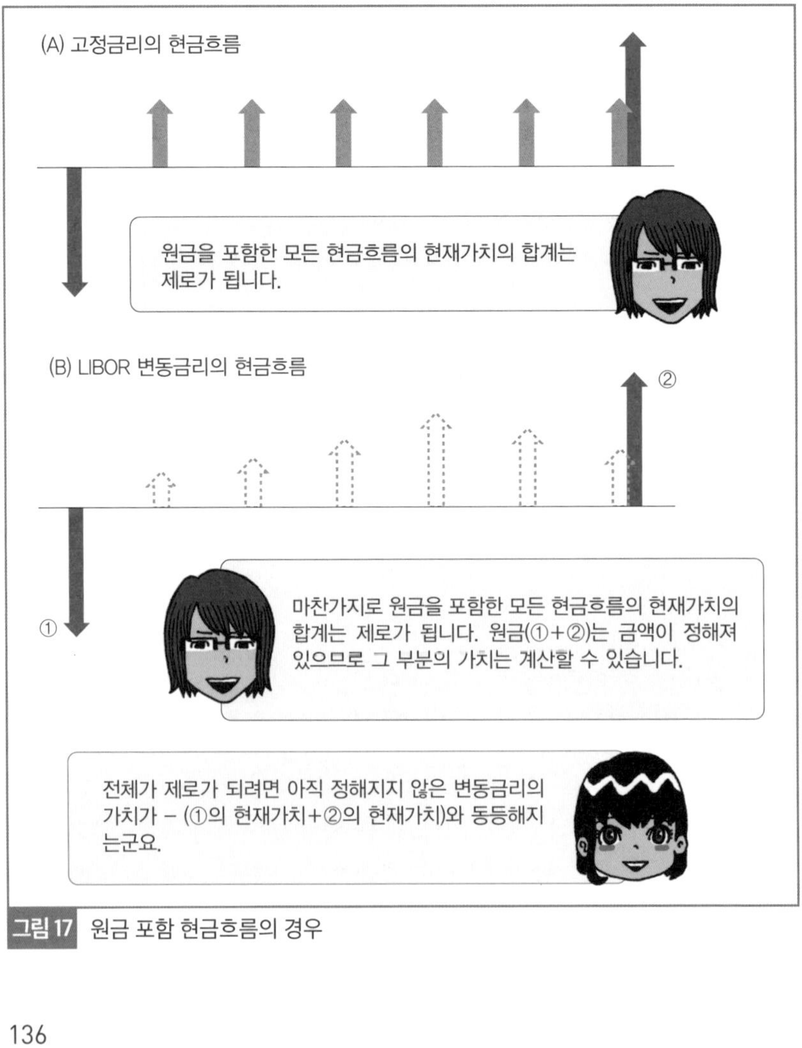

그림 17 원금 포함 현금흐름의 경우

현재가치가 제로가 됩니다.

이 관계를 통해 **그림17**에서 점선으로 된 아직 정해지지 않은 변동금리 부분의 현재가치를 역산할 수 있습니다.

이미 금액이 확정된 것은 빨간색으로 표시한 원금 부분입니다. 이 부분은 할인계수를 적용하여 현재가치로 환산할 수 있습니다. 맨 처음에 아래로 향한 화살표로 원금이 표시된 부분이 현 시점이므로 금액 그대로가 현재가치가 되니까 할인계수는 1이 됩니다. 마지막에 위로 향한 화살표로 원금이 표시된 시점의 할인계수가 가령 0.99라고 합시다. 그럼

원금 부분의 현재가치=−1×1+1×0.99=−0.01

이 됩니다. 그럼 원금을 포함한 변동금리의 현금흐름의 현재가치가 제로가 된다면 변동금리의 금리 부분만의 현재가치는 얼마가 될까요?

루나 : 금리 부분의 현재가치가 플러스 0.01이면 합계가 제로가 됩니다.

히로 : 맞습니다. 그런 식으로 미정의 변동금리의 현재가치를 구하는 겁니다. 물론 처음에 설명한 계산 방법과 원금을 포함한 방금 설명한 방법의 답은 같습니다.

루나 : 등가교환의 전제를 두면 미정의 현금흐름 가치까지 측정할 수 있군요.

히로 : 그렇습니다. 이 개념은 다양한 응용이 가능합니다. 금리스왑은 고정금리와 변동금리의 교환이지만, 현재가치가 동등한 현금흐름의 교환으로 정의를 확장하면 좀 더 다양한 현금흐름을 교환할 수 있게 됩니다. 실제로 형태가 다른 고정금리끼리 교환하거나 LIBOR와 KIBOR처럼 상이한 변동금리를 교환하는 등 다양한 금리스왑이 거래되고 있습니다. 이러한 변형된 종류의 금리스왑도 지금까지 설명한 이론을 바탕으로 성립됩니다.

현재가치가 달라도 차액분을 조정하면 교환이 가능하다

루나 : 현재가치가 동등한 것을 교환할 수 있다는 말은 반대로 현재가치가 다른 것은 교환할 수 없다는 거네요.

히로 : 형태가 바뀌지 않는다면 그렇습니다. 그런데 만약 현재가치가 100인 것과 80인 것을 교환하고 싶다면 80에 20을 더해 주면 됩니다.

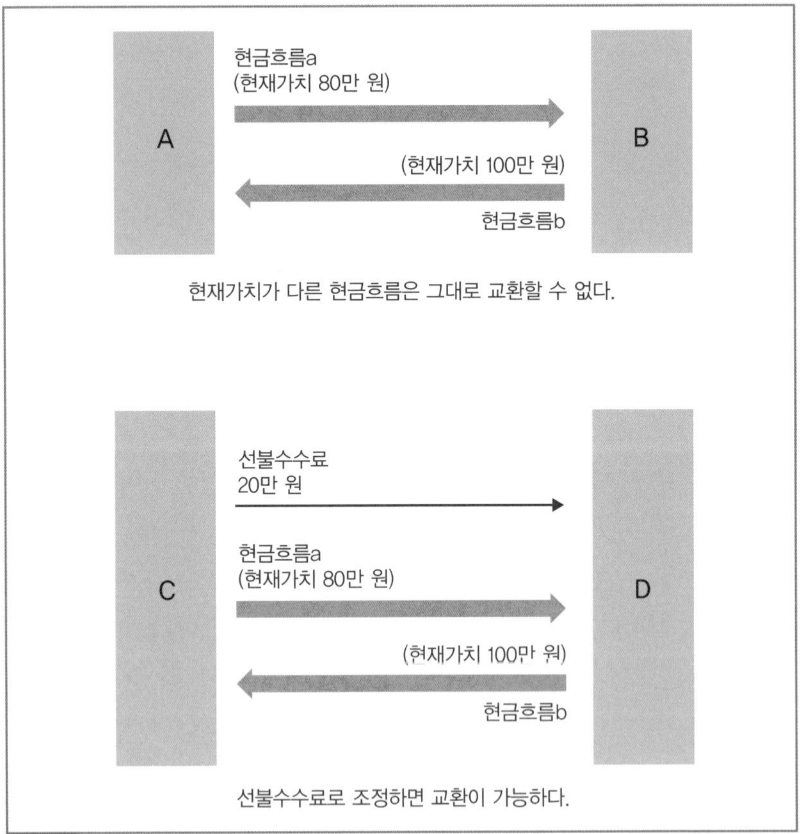

그림 18 현재가치가 다른 현금흐름의 교환

그러니까 현재가치의 차액분을 현시점에서 거래하면 현재가치가 다른 현금흐름이라도 교환이 가능합니다.
교환할 것의 현재가치의 차이를 우선 청산한 후 등가교환을 성립시키는 거래가 빈번히 이루어지고 있는데, 이 차액조정금을 **선불수수료(upfront fee)**라고 합니다.

루나 : 그렇군요. 파생상품을 이용하면 등가교환의 원칙을 바탕으로 현금흐름을 자신이 원하는 형태로 변환할 수 있겠네요.

히로 : 맞습니다! 장외파생상품의 특징은 유연하고 다양하게 변형이 가능하다는 것이고 그 특징 덕분에 거대 시장으로 발전했는데, 이 유연성을 뒷받침하는 것이 바로 **현재가치의 측정과 등가교환의 원칙**입니다.

◇발생하는 시점이 다른 금액의 가치는 현시점의 가치(현재가치)로 할인하여 비교한다.

◇현재가치는 미래 금액에 할인계수를 곱해 구한다.

◇할인계수에 적용할 금리는 각각의 기간에 따른 스폿 레이트를 적용한다.

◇스폿 레이트는 도중에 이자 지불이 발생하지 않는 형태로 현금흐름에 적용되는 금리이다.
- LIBOR 금리는 스폿 레이트이므로 그대로 적용할 수 있다.
- 스왑금리는 스폿 레이트가 아니므로 스폿 레이트로 변환하여 적용한다.

◇등가교환의 원칙에 따라 현재가치가 동등한 현금흐름은 교환할 수 있다.

그림 19 현금흐름의 평가 정리

3-5 프리미엄은 어떻게 정해지는가?

옵션에는 콜옵션과 풋옵션이 있다

루나 : 다음은 **옵션 이론**인데, 너무 어려울 거 같아요.

히로 : 금융공학에서도 특히 어려운 부분이지만 개념 자체는 그다지 어렵지 않을 거예요. 먼저 간단히 복습해 볼까요?

루나 : 옵션에는 원자산을 행사가격으로 살 권리인 콜옵션과 팔 권리인 풋옵션이 있습니다. 옵션은 매수자에게 일방적으로 유리하고 매도자에게 일방적으로 불리한 거래이지만, 유불리를 조정하기 위해 매수자가 매도자에게 **프리미엄**을 지불함으로써 거래가 성립됩니다. 이렇게 정리해 볼 수 있겠네요.

히로 : 그렇습니다. 여기서 포인트는 **프리미엄 금액을 어떻게 구할 것인지** 입니다. 프리미엄은 옵션을 사기 위해 지불하는 대가, 혹은 옵션을 팔 때 받는 대가, 즉 **옵션 가격**을 의미합니다. 옵션은 프리미엄에 의해 비로소 유불리가 없는 공평한 거래가 되므로 **프리미엄 금액을 구하는 것은 옵션 매수자의 유리함, 반대로 매도자의 불리함을 계측하는 것과 같은 것**입니다.

루나 : 그럼 어떤 방법으로 구할 수 있나요?

옵션 가격(프리미엄)은 확률론을 적용하여 계산한다

히로 : **확률론**을 적용하면 됩니다. 먼저 단순화한 경우를 예로 들어 봅시다. 삼성전자 주식의 현재 가격이 1주당 1만 원이라고 할 때

한 달 후의 주가가 얼마일지는 아무도 정확하게 예상할 수 없습니다. 그러나 **그림20**과 같이 ○○원이 될 확률이 어느 정도인지는 알고 있다고 가정해 봅시다.

루나 : 확률 예측이 훨씬 어려울 것 같아요.

히로 : 그 부분에 대해서는 나중에 설명하려고 합니다.
우선 이러한 확률을 알고 있다는 가정 하에 살펴봅시다.
여기서 한 달 후에 행사가격 1만 500원에 삼성전자 주식을 살 권리, 즉 콜옵션을 보유하고 있다고 합시다. 주가가 **그림20**의 ① 1만 1,500원이 될 경우에는 매수자가 얼마의 이득을 얻을까요?

루나 : 가격이 1만 1,500원인 주식을 콜옵션을 행사하여 1만 500원에 살 수 있으니까 1,000원 싸게 살 수 있으므로 매수자의 이익은 1,000원이 됩니다.

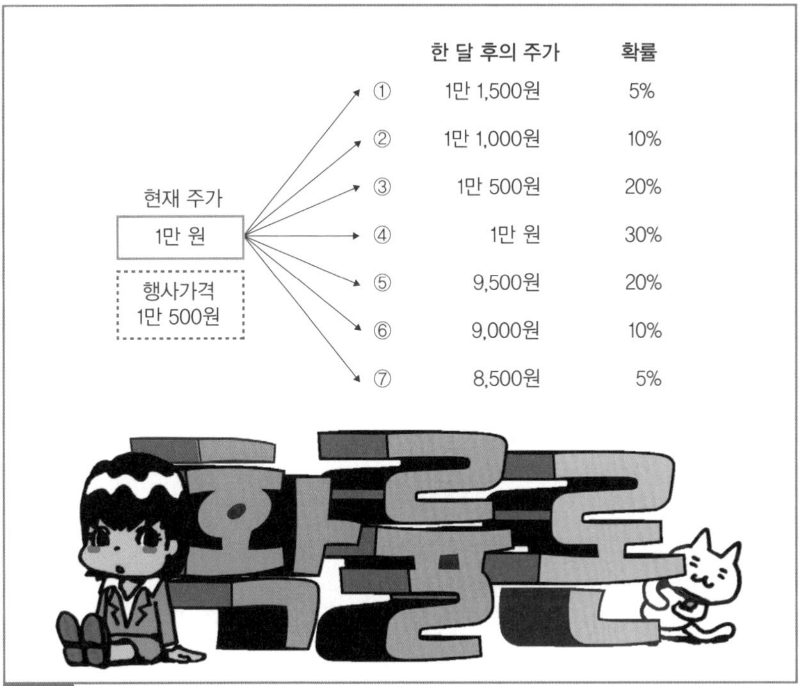

그림 20 한 달 후의 주가 예상

히로 : 맞습니다. ①이 될 확률은 5%이니까 5%의 확률로 1,000원의 이익을 얻을 수 있습니다. 즉

5%×1,000원=50원

의 이익을 기대할 수 있습니다. 확률과 이때 발생하는 이익을 곱한 것을 **기대이익**이라고 합니다. 그럼 ②의 경우는 어떻게 될까요?

루나 : ②의 경우는

주가 1만 1,000원－행사가격 1만 500원=500원

이때 발생하는 이익이고, 이익이 발생할 확률은 10%이므로

10%×500원=50원

이 기대이익이 됩니다.

히로 : 맞습니다. 이하 동일한 계산을 반복합니다. ③의 경우는

주가 1만 500원－행사가격 1만 500원=0원

이 되어 이익이 없으므로 확률을 곱해 기대이익을 구해도 0원이 됩니다. ④ 이후는 어떻게 될까요?

루나 : ④는

주가 1만 원－행사가격 1만 500원=－500원

이지만 손실이 발생하는 경우에는 권리를 포기하면 되니까 마찬가지로 이익은 제로입니다. ⑤ 이후도 동일합니다.

확률과 이때 발생하는 이익을 곱해 합계한 기대이익을 현재가치로 환산한 것이 옵션 프리미엄이다

히로 : 그렇습니다. 따라서 이 계산은

MAX(0, 주가−행사가격)×확률

을 반복하는 것이 됩니다. 여기서 MAX(0, 주가-행사가격)이란 '주가-행사가격' 부분이 마이너스가 되면 0으로 계산한다는 의미입니다. ①~⑦까지의 계산 결과를 모두 더하면 어떻게 될까요?

루나 : ①50원+②50원+③0원+④0원+……=100원이 됩니다.

히로 : 바로 그 값이 이 옵션 매수자에게 유리한 값입니다.
물론 매도자의 불리함은 그 반대이니까 −100원입니다. 간단하죠.

루나 : 정말 간단하네요. 매수자가 매도자에게 100원을 주면 거래가 성립하는군요.

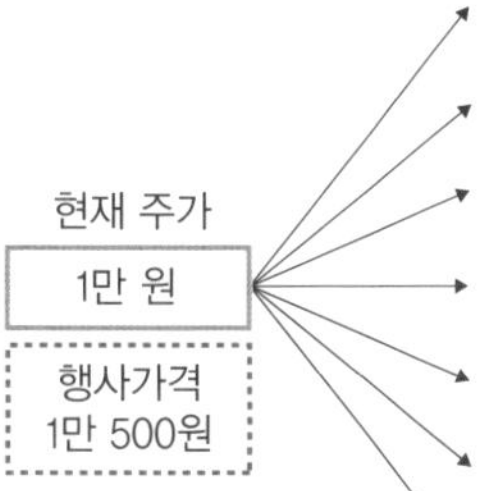

	한 달 후의 주가	확률	이익	기대이익
①	1만 1,500원	5%	1,000	50
②	1만 1,000원	10%	500	50
③	1만 500원	20%	0	0
④	1만 원	30%	0	0
⑤	9,500원	20%	0	0
⑥	9,000원	10%	0	0
⑦	8,500원	5%	0	0
			합계	100

그림 21 콜옵션 가격(프리미엄)

현재 주가

1만 원

행사가격
9,500원

		한 달 후의 주가	확률	이익	기대이익
→	①	1만 1,500원	5%	2,000	100
→	②	1만 1,000원	10%	1,500	150
→	③	1만 500원	20%	1,000	200
→	④	1만 원	30%	500	150
→	⑤	9,500원	20%	0	0
→	⑥	9,000원	10%	0	0
→	⑦	8,500원	5%	0	0
				합계	600

그림 22 행사가격이 9,500원이 되면……

히로 : 그런데 아직 서두르면 안 돼요. 여기서 100원은 한 달 후에 발생하는 유불리입니다. 하지만 프리미엄은 거래를 하는 현시점에서 주고받습니다. 따라서 이 금액을 그대로 주고받아서는 안 됩니다.

루나 : 그렇군요! 그럼 현재가치로 환산하여 주고받으면 되겠죠? 100원×한 달의 할인계수로 구하면 될까요?

히로 : 정답입니다. 현실에서는 1주만 거래하는 경우는 거의 없으니까 예를 들어 삼성전자 주식 1만 주를 대상으로 한 옵션인 경우, 1주당 프리미엄 금액에 1만(주)을 곱하면 실제로 주고받을 금액이 구해집니다. 이것이 옵션 이론의 기본입니다. 미래의 원자산 가격이 어떤 확률로 얼마가 되는지를 알면 프리미엄을

계산할 수 있습니다. 같은 방법으로 행사가격이 9,500원인 경우를 계산해 봅시다.

루나 : 이렇게 되나요?

MAX(0, 주가 1만 1,500원−행사가격 9,500원)×5%=100원
MAX(0, 주가 1만 1,000원−행사가격 9,500원)×10%=150원
MAX(0, 주가 1만 500원−행사가격 9,500원)×20%=200원
MAX(0, 주가 1만 원−행사가격 9,500원)×30%=150원
MAX(0, 주가 9,500원−행사가격 9,500원)×20%=0원
(이하 생략)

합계 600원이니까 600원×한 달의 할인계수로 프리미엄을 구할 수 있습니다. 아까보다 훨씬 금액이 증가했어요.

풋옵션은 행사가격과 주가의 관계가 콜옵션과 반대가 된다

히로 : 정답입니다. 행사가격이 낮으면 그만큼 매수자에게 유리하니까 프리미엄 가격도 올라갑니다.
다음은 풋옵션을 살펴봅시다. 기본 개념은 동일합니다. 하지만 이익 계산 방법은 조금 다릅니다. 마찬가지로 삼성전자 주식의 사례에서 행사가격이 1만 500원인 풋옵션을 가정해 봅시다. **그림23**의 ①의 경우와 같이 주가가 1만 1,500원이 되었다면 어떻게 될까요?

루나 : 음, 풋옵션은 팔 권리이니까 권리를 행사하면 1만 500원에 팔 수 있다는 거잖아요. 그런데 주가가 1만 1,500원이면 아무것도 하지 않아도 1만 1,500원에 팔 수 있으니까 1만 500원에 팔 권리를 행사하면 손실이 발생합니다. 따라서 권리를 포기하므로

현재 주가	행사가격		한 달 후의 주가	확률	이익	기대이익
1만 원	1만 500원	①	1만 1,500원	5%	0	0
		②	1만 1,000원	10%	0	0
		③	1만 500원	20%	0	0
		④	1만 원	30%	500	150
		⑤	9,500원	20%	1,000	200
		⑥	9,000원	10%	1,500	150
		⑦	8,500원	5%	2,000	100
					합계	600

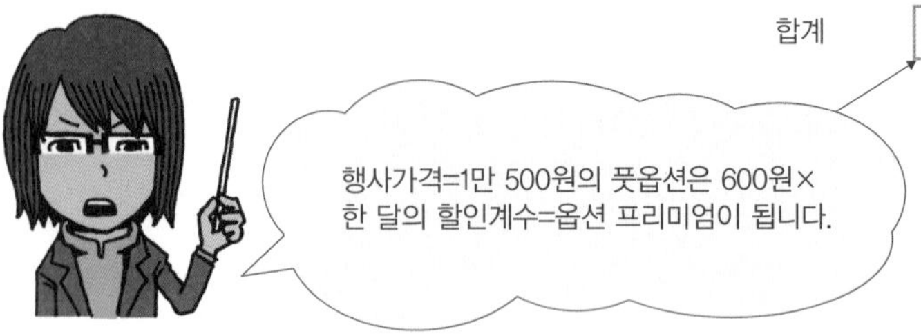

그림 23 행사가격 1만 500원의 풋옵션 가격(프리미엄)

얻을 수 있는 이익은 제로가 됩니다.

히로 : 맞습니다. **풋옵션은 주가가 행사가격을 밑도는 경우에 매수자에게 이익이 발생**하는데, 이 점이 콜옵션과 반대입니다. 따라서 풋옵션의 경우 기대이익을 구하는 계산식은 다음과 같습니다.

MAX(0, 행사가격–주가)×확률

루나 : 행사가격과 주가의 위치가 바뀌었네요.

히로 : 풋옵션 가격은 600원×한 달의 할인계수가 됩니다. 행사가격이 9,500원인 경우에는 100원×한 달의 할인계수가 됩니다.

루나 : 콜옵션은 행사가격이 낮아지면 프리미엄이 올랐지만 풋옵션은 반대로 행사가격이 높아지면 프리미엄이 오르는군요.

히로 : 그렇습니다. 제2장에서 콜옵션과 풋옵션의 손익 그래프는 좌

현재 주가: 1만 원

행사가격 9,500원

	한 달 후의 주가	확률	이익	기대이익
①	1만 1,500원	5%	0	0
②	1만 1,000원	10%	0	0
③	1만 500원	20%	0	0
④	1만 원	30%	0	0
⑤	9,500원	20%	0	0
⑥	9,000원	10%	500	50
⑦	8,500원	5%	1,000	50
			합계	100

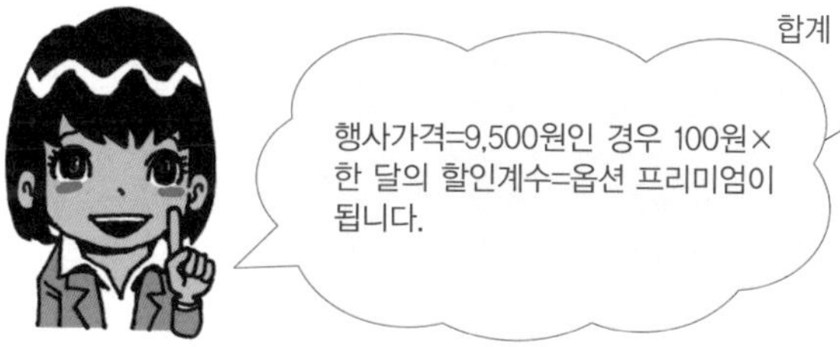

그림 24 행사가격 9,500원의 풋옵션 가격(프리미엄)

우가 반대로 되어 있다고 했는데, 그 이유가 이러한 결과에서 비롯된 것입니다.

루나 : 와우, 이제 옵션 이론은 완벽하네요.

히로 : 기본적인 개념은 지금까지의 설명을 확실하게 이해했다면 충분합니다. 그런데 **가장 중요한 미래의 가격 확률을 어떻게 추정할 것인지**의 문제가 아직 남아 있어요.

루나 : 휴우, 어쩐지 쉽게 끝난다 했어요.

3-6 볼러틸리티란 무엇인가?

금융공학에서는 최신 시장가격이 '적정한 가격'임을 전제로 한다

루나 : 다음은 원자산의 미래 가격의 발생 확률을 어떻게 추정할 것인지에 대해서인가요?

히로 : 미래의 일은 아무도 알 수 없어요. 하지만 그런 생각으로는 옵션 가치(프리미엄)를 계산할 수 없습니다. 주가의 경우라면 주가의 변동에 관해 일정한 전제를 두고 계산할 필요가 있습니다. 그런데 적당한 전제를 두고 계산하면 된다지만 뭐가 적정한지 알 수가 없습니다. 따라서 여기서 일정한 전제는 이론적으로 모순이 없고 현실의 가격 변동과 정합성을 이루고 있어야 합니다.

루나 : 그래서 어떻게 해야 한다는 건지 전혀 모르겠어요.

히로 : 앞에서도 여러 번 '금융공학에서는 최신 시장가격을 적정한 가격으로 간주하여 계산한다'고 했는데, 바로 그것이 전제입니다.

루나 : 적정한 가격은 누구에게도 득실이 발생하지 않는 가격이었죠?

히로 : 그렇습니다. 삼성전자 주식을 예로 들면 주가에는 실적의 좋고 나쁨과 기업으로서의 실력이 반영됩니다. 그런데 삼성전자가 우리나라를 대표하는 우량 기업이라고 해서 미래에 반드시 주가가 상승한다는 걸 알고 있다면 매수자가 반드시 이득을 얻게 되므로 적정한 가격이라고 할 수 없습니다.

루나 : 하지만 우량 기업의 주가가 오르는 것은 주식의 기본 아닌가요?

그림 25 시장가격이 적정한 가격

히로 : 맞습니다. 다만 삼성전자가 우량 기업이라는 것은 누구나 알고 있습니다. 따라서 주가가 적정하다는 것은 삼성전자 주식은 이미 우량 기업임을 반영하여 충분히 높아져 있다는 것을 말합니다.

루나 : 무슨 말인지는 알겠는데, 그렇게 가정하면 미래의 주가를 예상할 수 있나요?

히로 : 그 반대입니다. 현재의 주가가 적정하면 아무리 삼성전자가 우량 기업일지라도 미래에 주가가 상승할지 말지는 알 수 없습니다. 실적이 좋지 않은 기업이라도 마찬가지입니다. 실적이 좋지 않은 기업의 주가는 앞으로도 떨어질 것이라고 생각할 수 있지만 실적이 나쁘다는 것을 모두가 알고 있다면 이미 주가에 반영되어 낮아진 상태입니다. 따라서 미래의 주가가 그 이상으로 내려갈지 말지는 아무도 알 수 없습니다. 이것이 누

구에게도 득실이 발생하지 않는 적정한 가격입니다.

루나 : 음, 하지만 삼성전자 주식을 사서 돈을 번 사람이나 실적이 나쁜 주식을 사서 손해를 본 사람은 있잖아요.

히로 : 지금 설명하는 것과 결과론을 혼동해서는 안 됩니다. 주가는 항상 변동합니다. 예를 들어 삼성전자의 실적이 지금까지 예상한 것보다 훨씬 좋아질 것 같다면 삼성전자 주식은 상승하겠죠. 하지만 그 결과를 알기 전에는 예상할 수 없는 일이므로 어디까지나 결과론입니다. 결과적으로 주가는 상승할지도 모르지만 지금 알고 있는 삼성전자의 실적 동향에 관한 정보를 통해 이를 예상할 수는 없습니다. 그것이 적정한 주가라는 의미입니다.

가격이 상승할지 하락할지는 모르지만 확률은 가정할 수 있다

루나 : 하지만 주가가 적정한 가격이라는 전제를 둔 경우, 미래의 가격 변동을 예상할 수 없다면 그런 전제는 의미가 없지 않나요?

히로 : 주가가 적정하다는 전제를 두면 미래의 주가가 오를지 내릴지의 확률은 반반입니다. 정확하게 얼마가 될지는 모르지만 상승할지 하락할지의 확률은 알 수 있습니다. 여기서 잠깐, **브라운 운동**에 대해 들어본 적 있나요?

루나 : 컵에 든 물에 잉크를 떨어뜨리면 잉크가 천천히 퍼져나가는 현상 아닌가요?

히로 : 맞습니다. 금융공학의 세계에서는 주가나 그 외 시장가격의 변동이 브라운 운동과 같아진다고 상정합니다. 이는 앞의 시장가격은 적정하다는 전제에서 도출된 것입니다.

루나 : 지나친 비약 아닌가요?

그림 26 가격 변동을 브라운 운동으로 가정하다

히로 : 시장가격이 적정하다면 이후의 가격 변동은 오를지 내릴지 알 수 없습니다. 결과적으로 규칙성이 없는 분산된 움직임을 보입니다. 이를 **취보**(random walk)라고 하는데, 이를 수학적으로 표현한 것이 브라운 운동입니다.

브라운 운동은 잉크 입자가 주위의 물 분자와 부딪히면서 불규칙하게 움직이는 현상을 말합니다. 그 결과 잉크가 물에 천천히 퍼져나가는 현상을 보이게 됩니다. 주가도 마찬가지로 삼성전자의 실적이 더욱 좋아질 것 같다든지, 생각한 만큼 좋아질 것 같지 않다든지 하는 여러 가지 정보가 뒤섞이고 물 분자처럼 충돌하여 주가의 움직임을 분산시킵니다.

루나 : ……결론은요?

히로 : 따라서 주가의 움직임을 브라운 운동이라고 가정하면 미래의 주가 분포와 확률을 계산할 수 있습니다. 이 부분도 나중에 자세히 살펴보기로 하죠.

루나 : 이론적으로 주가의 변동을 브라운 운동으로 가정할 수 있다는 건 알겠는데, 그 전제는 현실의 주가 변동과 정합성을 이루고 있나요? 현실의 움직임과 정합성을 이루지 않는다면 그 전제는 사용할 수 없다고 했잖아요.

가격의 움직임을 브라운 운동으로 가정하면 주가 변동을 정규분포로 치환할 수 있다

히로 : 결론부터 말하면 브라운 운동의 가정은 현실의 주가 움직임과 거의 정합성을 이루고 있습니다. 엄밀히 따지면 브라운 운동만으로 현실의 주가 움직임을 모두 설명할 수는 없지만 기본을 설명하기에는 충분합니다.

루나 : 이제 주가의 움직임을 브라운 운동으로 가정할 수 있다는 건 납득했어요.

히로 : 브라운 운동의 결과 잉크 분자가 어디로 이동하는지는 정확하게 예측할 수 없지만 확률은 계산할 수 있습니다. 주가에 적용하면 **그림27**과 같습니다. 이 그림이 의미하는 것은 미래의 주가는 현재의 주가와 가까운 수준에서 맴돌 확률이 비교적 높고, 큰 가격 변동이 일어날 확률은 그 변동이 크면 클수록 내려간다는 것입니다.

루나 : 그럼 상승할지 하락할지의 확률은 반반인가요?

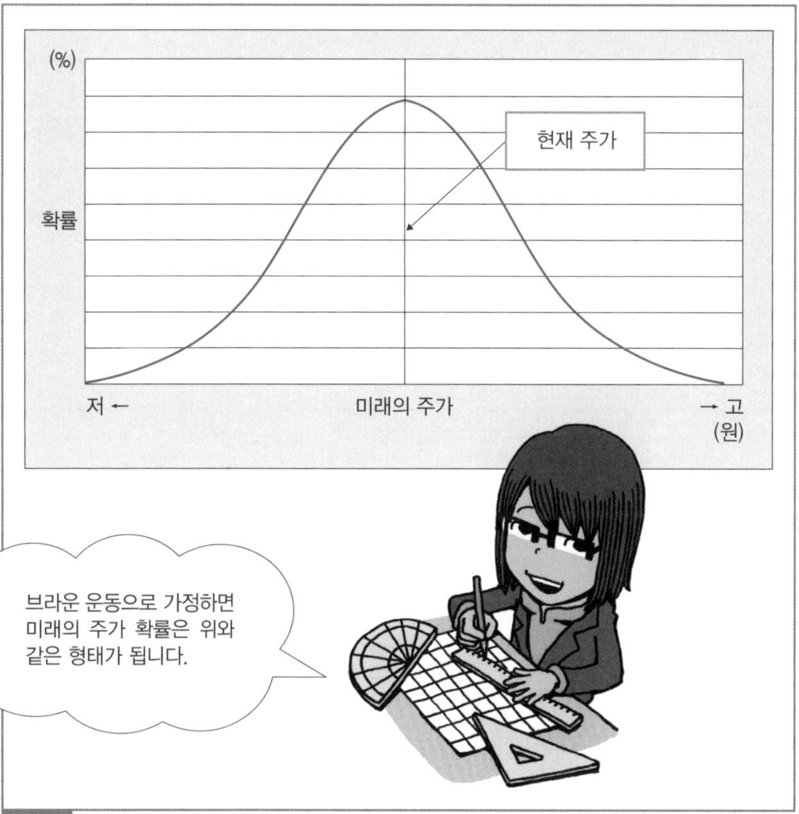

그림 27 주가의 확률분포

히로 : 그렇습니다. 이러한 종 모양의 확률분포를 본 적 있나요? 이것을 정규분포라고 합니다.

정규분포는 평균과 표준편차를 알면 가격의 변동 확률도 계산할 수 있다

히로 : 학교에서 성적이나 키를 분포로 나타내면 그 형태가 정규분포를 따르는데, 이처럼 곳곳에서 등장하는 확률분포인 정규분포

는 매우 편리하게도 분포를 특정할 때 두 가지 정보만 있으면 됩니다. **평균**과 **표준편차**, 바로 이 두 가지를 알면 분포의 형태와 범위를 결정할 수 있습니다. **그림28**에서 중앙에 그어진 세로선이 평균을 나타냅니다. 분포의 퍼짐 정도를 나타내는 표준편차는 분포 폭의 크기를 나타낸다고 이해하면 됩니다. 그림에서 가로로 된 화살표로 표시한 부분입니다.

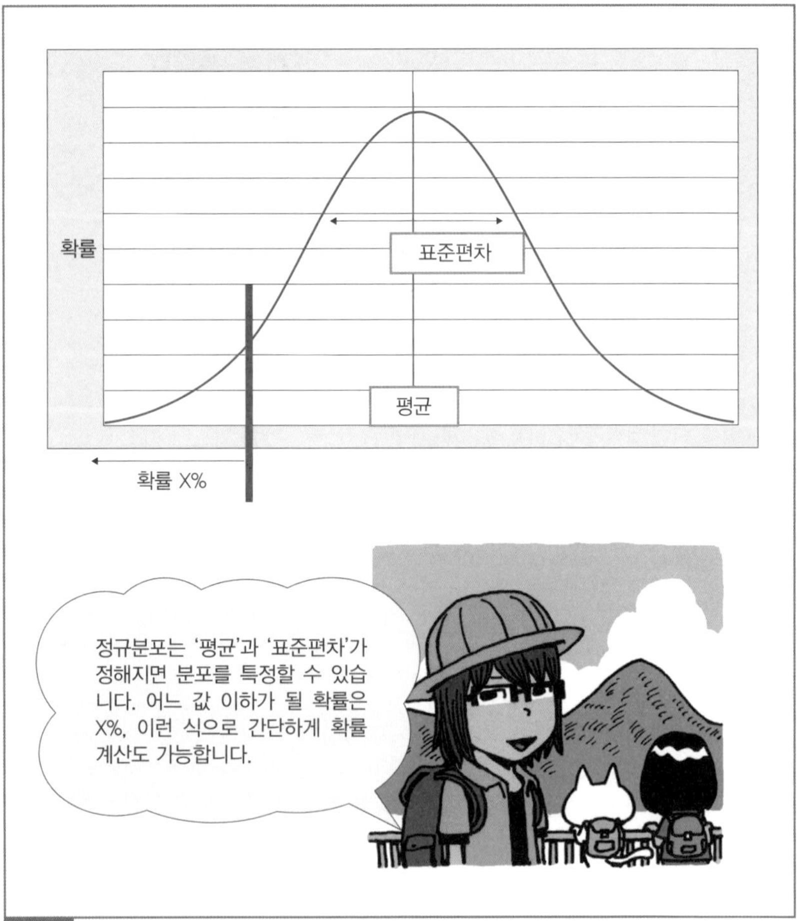

그림 28 정규분포의 특징

정규분포의 평균과 표준편차가 정해지면 주가가 얼마 이하가 될 확률은 X%, 이런 식으로 간단히 계산이 가능한 것도 정규분포의 매우 편리한 점입니다.

루나 : 옵션 이론의 핵심에 가까워진 것 같아요.

히로 : 그렇습니다. 금융공학에서는 이러한 시장가격의 확률분포의 표준편차를 **볼러틸리티**(volatility)라고 부릅니다. 볼러틸리티는 본래 '가격 변동성', 즉 가격이 크게 움직이기 쉬운지, 그렇지 않은지를 나타내는 것입니다. 가격 변동성이 커지면 가격 분포도 넓어진다고 할 수 있습니다. 일반적으로 볼러틸리티는 **1년 후의 가격 분포를 상정한 경우의 표준편차 크기**를 의미합니다.
볼러틸리티, 즉 가격 변동성(가격 분포의 표준편차)이 높은 자산은 가격이 크게 상승하거나 하락할 확률이 높아집니다. 반대로 볼러틸리티가 낮은 자산은 가격이 크게 상승하거나 하락할 확률이 낮아집니다.

볼러틸리티에는 히스토리컬과 임플라이드의 두 가지 개념이 있다

루나 : 그럼 가격 변동성은 어떻게 계산하나요?

히로 : 먼저 볼러틸리티에는 두 가지 개념이 있다는 것부터 설명하죠. 하나는 **히스토리컬 볼러틸리티**(Historical Volatility)인데, '역사상의 볼러틸리티'라는 이름대로 과거의 실제 가격 변동이 어느 정도 크기였는지를 바탕으로 계산한 것입니다.

루나 : 그거라면 쉽게 구할 수 있을 거 같아요.

히로 : 또 하나는 **임플라이드 볼러틸리티**(Implied Volatility)입니다. '내재된 볼러틸리티'라는 의미로, 시장에서 거래되는 옵션 가격(프리미엄) 안에 포함되어 있습니다. 앞으로 설명하겠지만, 옵션

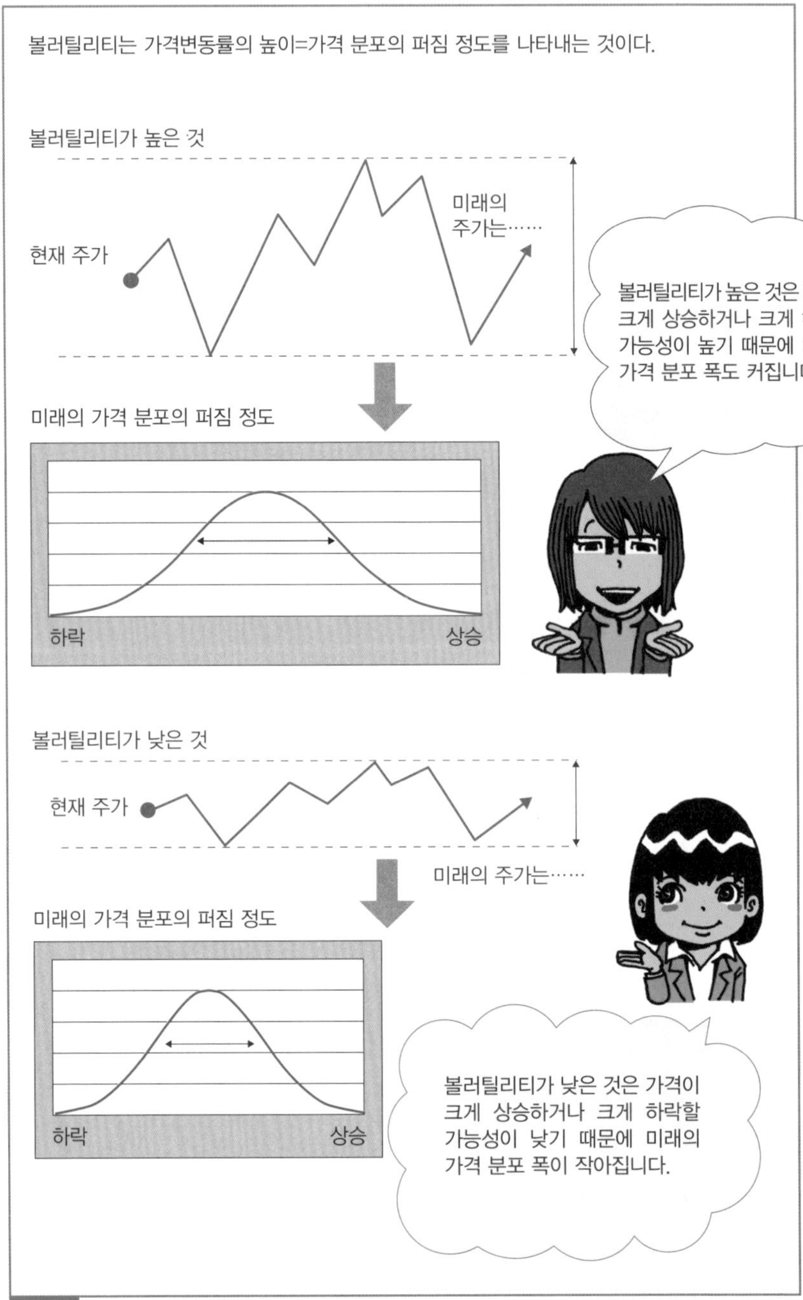

그림 29 리스크의 크기를 나타내는 볼러틸리티

프리미엄을 계산할 때는 대상이 되는 자산의 볼러틸리티가 얼마나 되는지에 대한 정보가 필요합니다. 즉 옵션이 거래될 때 옵션 가격인 프리미엄이 얼마가 될지가 정해지는데, 그 프리미엄을 정하기 위해서는 볼러틸리티가 몇 퍼센트인지 정해져야 합니다. 이것이 임플라이드 볼러틸리티입니다.

루나 : 옵션거래 시에 가격을 계산하려면 볼러틸리티가 필요하고, 볼러틸리티는 옵션거래로 정해지는 시장가격에 이미 포함되어 있다……. 음, 돌고 도는 제자리걸음 같은데요. 그럼 도대체 누가 그 수준을 정하나요?

히로 : 답은 **시장에서 정한다**, 입니다. 옵션 프리미엄은 볼러틸리티 수준에 따라 정해지므로 옵션을 거래한다는 것은 볼러틸리티가 어느 수준 이하면 옵션을 사고 싶다거나 혹은 볼러틸리티가 어느 수준 이상이면 옵션을 팔고 싶은 사람들이 모여 볼러틸리티의 적정한 수준을 찾으면서 거래하는 것이라고 할 수 있습니다. 즉 '시장에서 거래되는 최신 가격은 적정하다'는 것이 금융공학의 전제이므로 이 임플라이드 볼러틸리티를 옵션 프리미엄을 계산할 때 적용하면 됩니다.

루나 : 요점은 시장에서 거래되는 옵션 가격에 포함되는 임플라이드 볼러틸리티를 적용하여 옵션 계산을 하면 된다는 거네요.

볼러틸리티의 크기는 자산이 지닌 리스크의 크기를 나타낸다

히로 : 그리고 볼러틸리티의 크기는 자산의 가격 변동 리스크의 크기를 나타내므로 그 자체가 리스크의 크기를 나타내는 지표가 됩니다.

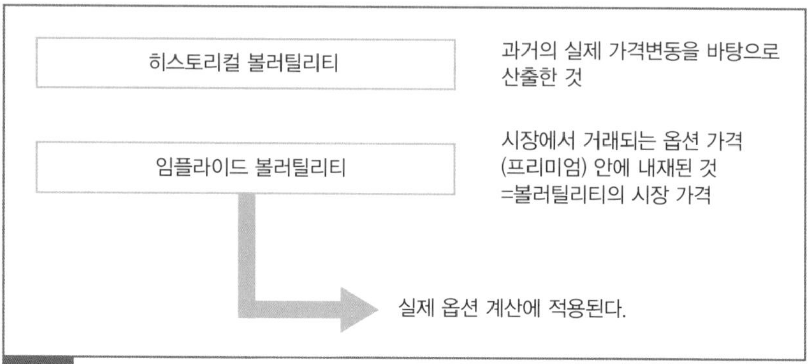

그림 30 두 종류의 볼러틸리티

루나 : 볼러틸리티가 크면 그만큼 크게 가격이 내려갈 가능성이 높다는 것이니까요.

히로 : 맞습니다. 예를 들어 주가의 경우, 뉴스에서 자주 보도되는 코스피주가는 연율 약 20~30% 정도의 볼러틸리티인 경우가 많습니다. 연간 20~30% 오르거나 내리는 것이 일반적이라는 거죠. 코스피주가는 다수의 기업의 주가를 평균하여 산출한 것이지만, 삼성전자 주식이나 SK하이닉스 주식 등 각 기업의 주식은 기업에 따라 볼러틸리티의 수준이 다를 뿐 아니라 개중에는 볼러틸리티가 매우 높은 기업도 있습니다. 볼러틸리티가 높은 기업의 주식은 그만큼 손실이 커질 리스크도 크다는 뜻입니다.

루나 : 어느 기업의 주식을 사느냐에 따라 리스크의 크기도 달라진다는 거군요.

히로 : 그럼 환리스크는 어느 정도일까요?

루나 : 주위에 FX(외환증거금거래)를 하는 지인이 있는데, 리스크가 엄청 크지 않나요?

히로 : 환의 볼러틸리티는 통화에 따라 다른데, 대표적으로 원달러의 경우는 대체로 연율 10% 전후입니다.

루나 : 주식보다 리스크가 굉장히 작네요.

리스크의 크기는 볼러틸리티×레버리지로 정해진다

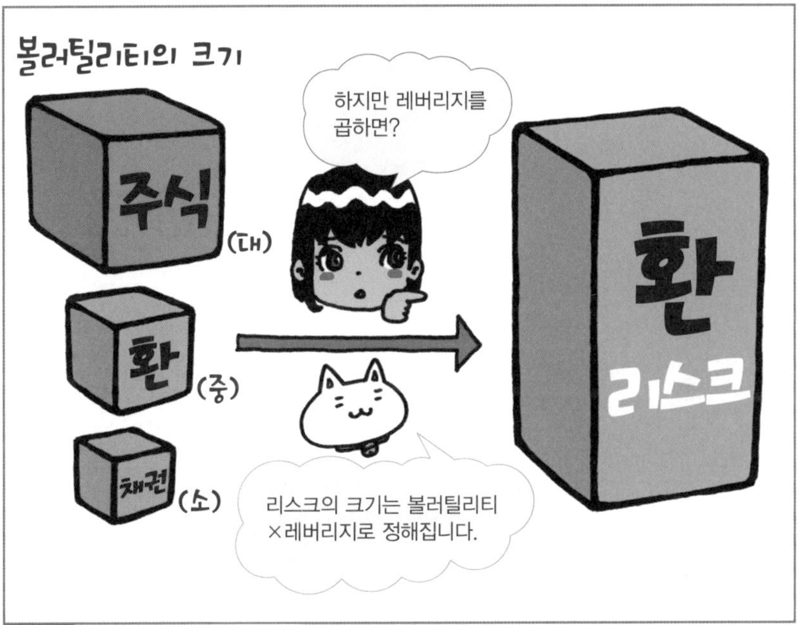

그림 31 볼러틸리티와 리스크의 관계

히로 : FX는 리스크가 크다는 인상이 있죠. FX에는 앞서 설명한 선물과 비슷한 증거금 제도가 있는데, 일정 증거금을 준비하면 매매 대금을 지불하지 않고 거래할 수 있습니다. 물론 이것도 파생상품의 일종입니다. 그 결과 레버리지를 높일 수 있습니다.

루나 : 환 자체의 리스크는 주식보다 작아도 레버리지가 높아지면 리스크가 커진다는 건가요?

히로 : 맞습니다. FX는 레버리지가 최대 25배까지입니다. 즉 자신이 가진 자금의 25배의 금액을 거래할 수 있는 거죠. 볼러틸리티는 10%이지만 거기에 25배를 곱하면 리스크가 250%가 되므로 일반적인 주식 거래보다 훨씬 리스크가 커집니다.

레버리지를 고려하면

리스크의 크기=볼러틸리티×레버리지

가 됩니다.

루나 : 그렇군요. 그럼 채권 리스크는 어느 정도인가요?

히로 : 채권 리스크의 크기는 만기까지 기간의 길이나 채권을 발행한 국가 또는 기업의 신용도에 따라 달라집니다.

루나 : 신용도는 빌린 돈을 약속한대로 상환해 줄 것인지를 나타내는 신뢰감이죠?

히로 : 맞습니다. 그래서 실적이 안정된 대기업이나 국가의 경우는 신용도가 높아 채권 리스크도 작습니다. 국가가 발행하는 국채의 경우, 기간 10년의 장기채권도 볼러틸리티는 연율 3~5% 정도입니다.

루나 : 볼러틸리티를 알면 투자 리스크를 대강 짐작할 수 있겠네요.

3-7 변형 옵션의 계산

복잡한 변형 옵션의 프리미엄 계산도 기본적인 개념은 동일하다

루나 : 제2장에서 다룬 디지털 옵션 등 기본 패턴과는 다른 변형된 종류의 옵션도 이러한 개념을 바탕으로 계산할 수 있나요?

히로 : 그렇습니다. 디지털 옵션을 비롯한 변형 옵션도 계산의 기본적인 개념은 다르지 않습니다. 앞서 예시로 든 단순화한 삼성전자 주식의 수치를 이용해 봅시다.

삼성전자 주식의 미래 주가 분포를 다음과 같다고 합시다.

① 1만 1,500원이 되었을 확률......5%

② 1만 1,000원이 되었을 확률......10%

③ 1만 500원이 되었을 확률......20%

④ 1만 원이 되었을 확률......30%

⑤ 9,500원이 되었을 확률......20%

⑥ 9,000원이 되었을 확률......10%

⑦ 8,500원이 되었을 확률......5%

여기서 다음과 같은 디지털 옵션의 프리미엄을 구해봅시다.

주가≧1만 1,000원이면 1,000만 원 수취

주가＜1만 1,000원이면 아무 일도 발생하지 않는다.

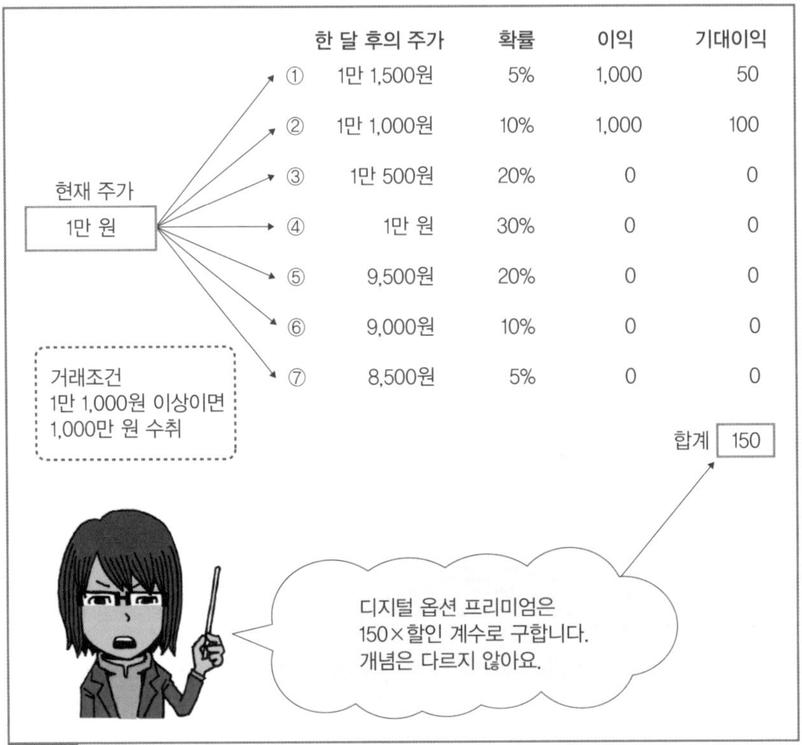

그림 32 변형 옵션의 가격(디지털 옵션의 경우)

루나 : 다시 경우를 나누어보면

> **① 1,000만 원 수취......5% 확률**
>
> **② 1,000만 원 수취......10% 확률**
>
> **③ 아무 일도 발생하지 않는다......20% 확률**
>
> **④ 이후에도 아무 일도 발생하지 않으니까 생략하면 이익이 발생하는 것은 ①과 ②이므로**
>
> **1,000만 원×5%+1,000만 원×10%=150만 원**

이를 현재가치로 할인하면 옵션 가격이 됩니다.

히로 : 맞습니다. 계산의 순서는 전혀 달라지지 않았죠. 원자산의 가격 분포만 특정할 수 있으면 동일한 방법을 통해 기본적으로

아무리 특수한 손익 그래프의 옵션이라도 계산할 수 있습니다. 디지털 옵션은 변형 옵션 중에서도 구조가 가장 간단하지만, 실제로는 다양한 조건이 붙은 매우 복잡한 변형 옵션도 거래되고 있습니다.

이러한 복잡한 상품의 계산은 역시 복잡한 컴퓨터 프로그램을 필요로 하지만 아무리 복잡한 상품이라도 여기서 살펴본 기본적인 개념 자체는 전혀 다르지 않습니다.

루나 : 우선 기본적인 개념을 확실하게 머릿속에 저장하는 것이 중요하군요.

◇옵션에는 다음의 네 가지 기본 패턴이 있다.

- 콜옵션(어떤 것을 정해진 가격으로 살 권리) 매수
- 콜옵션(어떤 것을 정해진 가격으로 살 권리) 매도
- 풋옵션(어떤 것을 정해진 가격으로 팔 권리) 매수
- 풋옵션(어떤 것을 정해진 가격으로 팔 권리) 매도

◇옵션 매수자는 권리를 얻는 대신 대가로 프리미엄을 지불해야 한다. 옵션 매도자는 의무를 지는 대신에 대가인 프리미엄을 받을 수 있다.

◇옵션 가격(프리미엄)은 기대이익, 즉
대상이 되는 것의 가격이 미래 X원이 될 확률×그 때 옵션에서 발생하는 이익을 전부 더한 것을 현재가치로 환산하면 구할 수 있다.

◇옵션 계산은 미래의 가격 분포 확률을 정규분포(또는 대수정규분포)로 가정하여 계산하는 것이 일반적이다. 분포의 퍼짐 정도를 나타내는 것을 볼러틸리티라고 한다.

그림 33 옵션 이론 정리

3-8 블랙 숄즈 모형

블랙 숄즈 모형은 옵션 프리미엄을 계산하는 가장 일반적인 모형이다

루나 : 옵션 프리미엄 계산의 개념은 이해했는데, 또 하나 궁금한 것이 실제 확률 계산 방법이에요. 1만 1,500원이 될 확률 5%, 이런 식으로 대강 계산하지는 않잖아요.

히로 : 그렇습니다. 실제 계산에서는 좀 더 정밀한 계산이 이루어집니다. 이러한 계산식, 혹은 계산 방법을 '모형'이라고 부르는데, 실제로는 다양한 모형이 있지만 가장 유명한 것이 **블랙 숄즈 모형**입니다.

루나 : 처음 들어보는데요.

히로 : 블랙과 숄즈가 개발한 옵션 계산식입니다. 머튼이라는 또 한 명의 개발자도 이 공식이 옳다는 증명과 응용 버전을 제안하였는데, 이들 중 숄즈와 머튼은 1997년에 노벨경제학상을 받았습니다.

루나 : 블랙은 왜 받지 못했나요?

히로 : 유감스럽게도 당시 블랙은 생존해 있지 않았습니다. 살아있었다면 세 명이 수상했겠죠.

루나 : 노벨상을 수상할 정도로 대단한 발명이군요.

히로 : 블랙 숄즈 모형은 오늘날의 파생상품 발전을 지탱한 최고의 이론적 발명이라고 할 수 있습니다. 이 공식 덕분에 옵션은 누구나 거래할 수 있는 것이 되었거든요.

루나 : 노벨상을 받았다니 왠지 엄청나게 어려울 것 같아요.

히로 : 왜 이러한 공식이 도출되는지 이해하기는 아주 어렵습니다. 노벨상을 받았을 정도니까요.

루나 : 마음이 무거워졌어요.

블랙 숄즈 모형의 계산식 살펴보기

히로 : 하지만 걱정할 것 없어요. 개념은 앞서 설명한 그대로입니다. 그리고 공식 도출이 어렵다고 했지만 계산 자체는 매우 간단해요. 표 계산 소프트웨어 마이크로소프트 엑셀(Microsoft Excel, 이하 엑셀)을 이용하면 루나 씨도 쉽게 계산할 수 있을 거예요.

루나 : 정말요?

히로 : 그 점이 바로 이 공식의 대단한 점입니다. 백문이 불여일견이라고 우선 이 계산식을 봅시다.

$$C=Se^{-qt}N(d)-Ke^{-rt}N(d')$$

$$P=-Se^{-qt}N(-d)+Ke^{-rt}N(-d')$$

C : 콜옵션 프리미엄

P : 풋옵션 프리미엄

S : 원자산의 현재가격

K : 행사가격

e : 자연대수의 밑

q : 배당 수익률

r : 금리

t : 옵션 기간(년)

N( ) : 표준정규분포의 분포함수

$$d = \frac{Ln(\frac{S}{k})+(r-a)t+\frac{1}{2}\sigma^2 t}{\sigma\sqrt{t}}$$

$d' =$₩ $d-\sigma\sqrt{t}$

σ : 볼러틸리티(연율)

루나 : ……. 역시 전혀 모르겠어요!

히로 : 자자, 수식을 사용하여 나타내면 이러한 식이 되기 때문에 수학 지식이 없으면 이해할 수 없는 게 당연해요. 그래서 수학의 장벽이 금융공학의 장벽이 되어버리는 경우가 많습니다. 금융공학 전문서적을 보면 이러한 수식이 끊임없이 등장해서 질려버리기 쉽거든요. 그러나 중요한 것은 수식이 의미하는 바와 그것을 실제로 어떻게 계산하느냐 입니다.

이 공식이 무엇을 의미하는지 이미 설명했습니다. 우선, 대상이

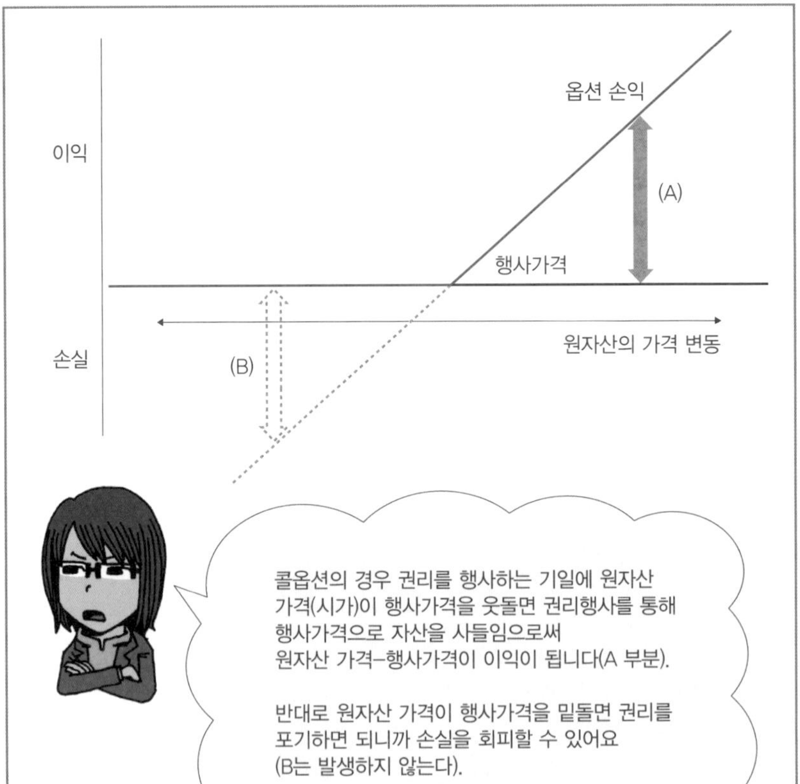

그림 34 콜옵션 매수의 손익 그래프(복습)

되는 원자산 가격이 얼마가 되는지에 따라 그 옵션이 매수자에게 어느 정도의 이익을 가져다주는지가 결정됩니다. 예를 들어 앞서 콜옵션을 그래프로 나타내면 **그림34**와 같은 형태가 되었죠.

그리고 이익에 확률을 곱하면 기대이익을 계산할 수 있습니다.

확률은 정규분포의 가정을 통해 계산됩니다.

(이익×확률)을 더해 현재가치로 환산하면 옵션 프리미엄이 됩니다. 정리하면 **그림36**과 같습니다.

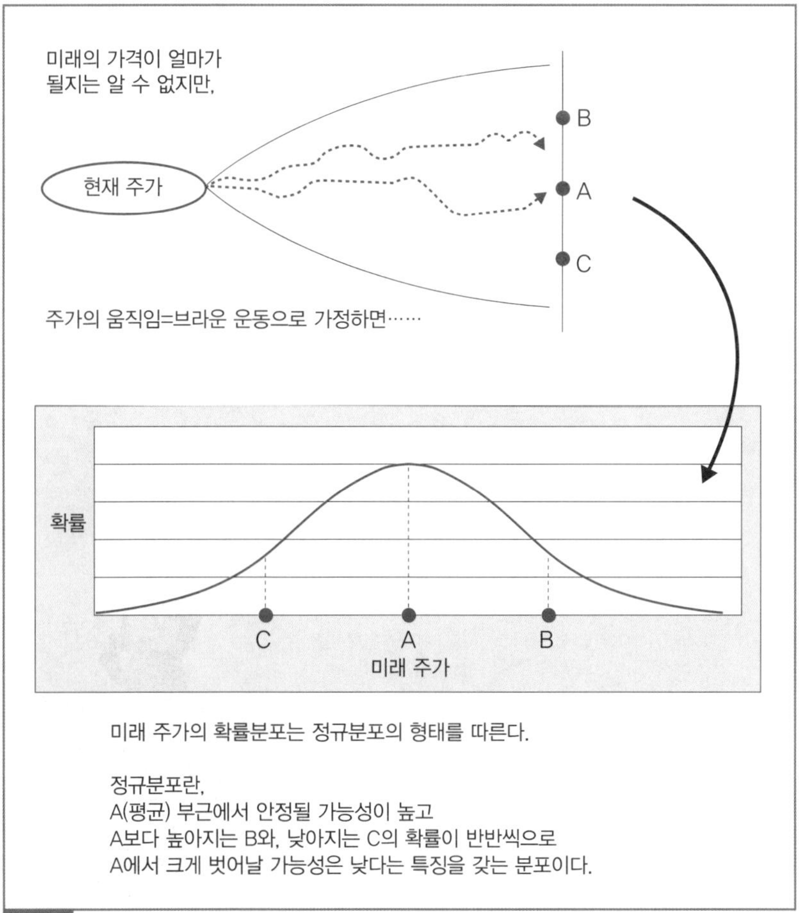

그림 35 주가의 움직임을 정규분포로 가정하는 것의 의미(복습)

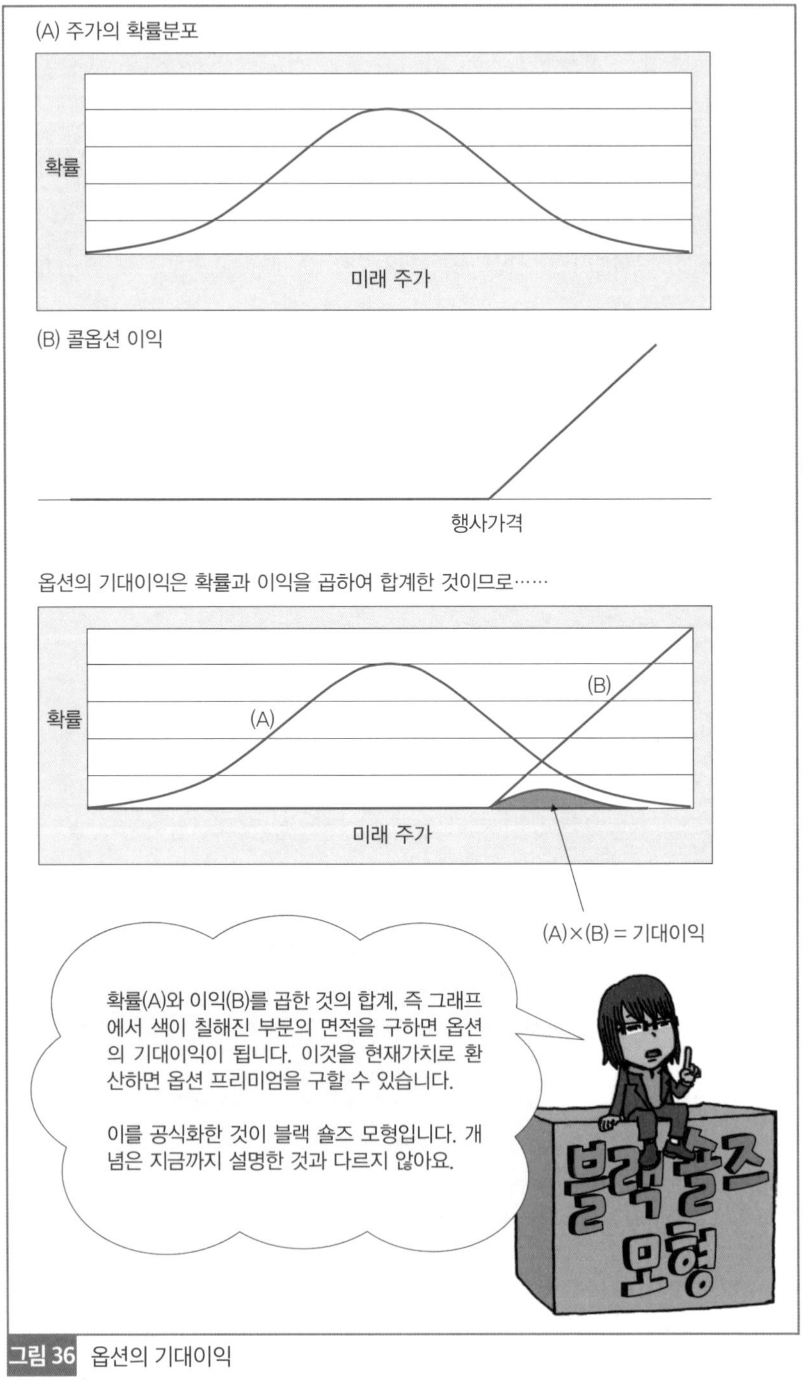

그림 36 옵션의 기대이익

다양한 기호의 의미를 이해하면 블랙 숄즈 모형은 어렵지 않다

루나 : 구조는 이해했는데, 여기서 *e*는 뭔가요? Ln은 또 뭐고요?

히로 : 신경 쓰지 않아도 되지만 아무래도 궁금해지죠. *e*는 **자연대수의 밑**이라고 불리는 값으로, 2.718282……을 말합니다. 어떤 의미이고 왜 여기서 등장하는지 깊이 들어가면 복잡해지는데, 예를 들어 e^{rt}는 금리 r로 t년 동안 복리 운용한 결과 금액이 얼마만큼 증가하는지를 나타냅니다. 엄밀히 말하면

$$(1+\frac{r}{X})^{Xt}$$

여기서 X를 크게 하면 e^{rt}에 가까워집니다.

루나 : 그러니까 **금리에 따라 금액이 증가하는 효과를 나타내는 것**으로 이해하면 되는군요. 그럼 e^{-rt}의 마이너스는 무슨 의미인가요?

그림 37 자연대수의 밑

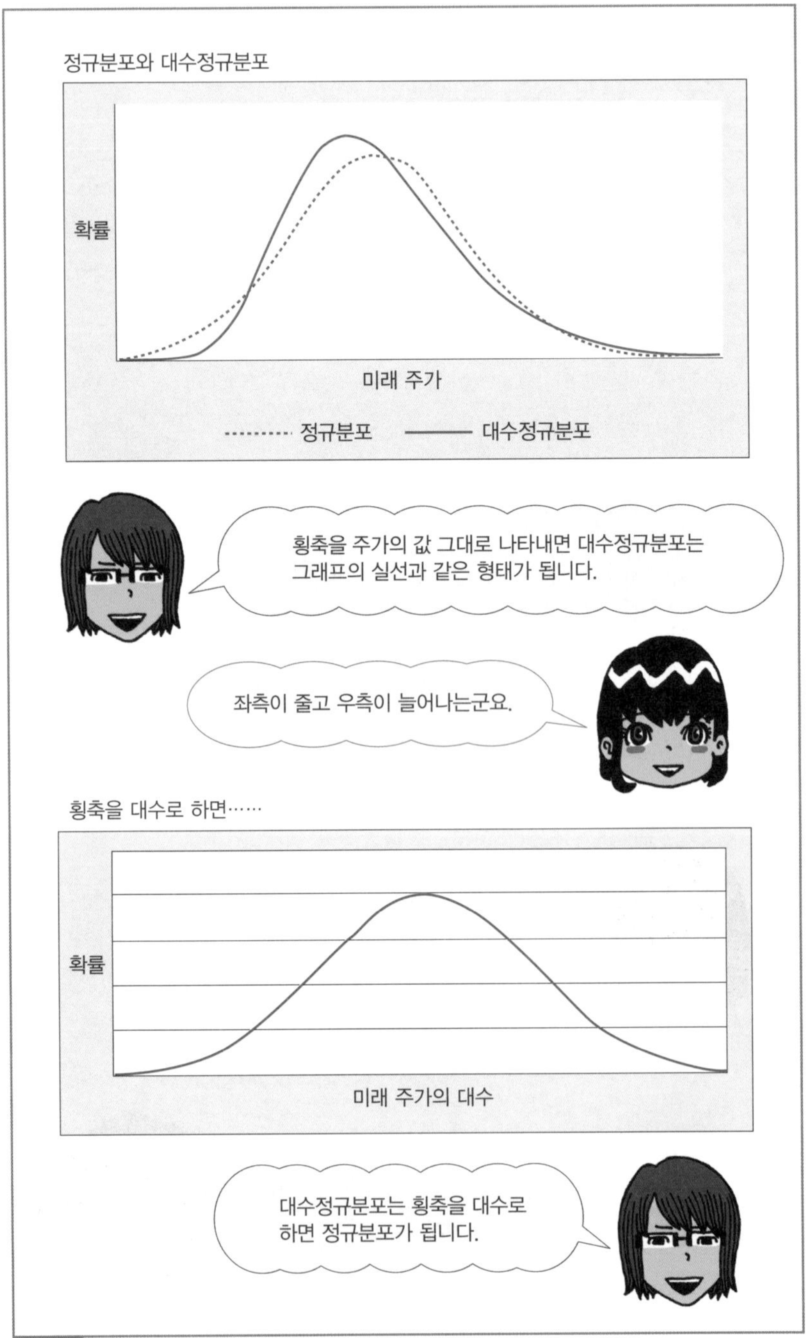

그림 38 정규분포와 대수정규분포

히로 : 마이너스는 **금리효과에 따라 금액이 감소하는 것**을 나타냅니다. 금액이 감소한다는 것은 미래 금액을 현재가치로 환산할 때 금리효과로 금액이 줄어드는 것을 의미합니다.

루나 : 그건 할인계수 아닌가요?

히로 : 네, e^{-rt}는 할인계수입니다. 파생상품 실무에서는 간단히 할인계수를 계산할 수 있도록 시스템이 구축되어 있으므로 그러한 경우는 e^{-rt}를 계산하지 않고 계산된 할인계수를 그대로 적용하면 됩니다. 따라서 e^{-rt}는 단순히 할인계수를 나타내는 기호이고 e^{-rt}는 그 역수라고 이해하면 됩니다.

루나 : 익숙하지 않은 기호가 나와서 당황했는데 할인계수와 그 역수라니 안심이 돼요. r 대신에 q라는 기호도 나왔어요.

히로 : q는 **배당 수익률**을 나타냅니다. 주식을 가지고 있으면 배당을 받을 수 있는데, 실제로는 그 효과도 감안해야 합니다. 여기서는 일단 0%로 가정해 봅시다. 이 q를 실제로 적용하는 사례는 177페이지 이후에 다시 설명하기로 하죠.

블랙 숄즈 모형은 대수정규분포를 가정한다

루나 : 그럼 Ln은요?

히로 : Ln은 **대수**를 계산하는 것입니다. 지금까지 정규분포에 관해 설명했는데, 엄밀히 말하면 블랙 숄즈 모형은 가격 분포가 대수정규분포로 되어 있다고 가정하고 있으니까요.

루나 : 대수정규분포요? 또 새로운 개념이 나왔네요.

히로 : 깊이 생각할 필요는 없어요. 가격변동률이 같다고 해도 예를 들어 주가가 5,000원일 때 1% 움직이면 50원의 변동이 되지만 주가가 1만 원이면 100원의 움직임이 되죠.

루나 : 같은 가격변동률이라도 주가가 높으면 가격변동폭이 커지는

군요. 뭐, 당연한 거겠죠.

히로 : 그렇습니다. 가격변동을 폭이 아니라 비율로 나타내면 **그림38**과 같이 정규분포보다 좌측이 줄고 우측이 조금 늘어난 형태가 됩니다.

그런데 횡축을 가격의 대수, 즉 Ln(가격)으로 하면 신기하게도 정규분포의 형태로 돌아옵니다. 이를 **대수정규분포**라고 합니다.

루나 : 가격변동률을 기준으로 하면 가격 분포는 대수정규분포가 되는군요.

히로 : 그렇습니다. 그래서 블랙 숄즈 모형 안에 Ln()이라는 함수가 등장합니다. 개념 자체는 지금까지 설명한 것과 완전히 동일하다고 생각하면 됩니다.

3-9 엑셀로 시험해 보는 실제 블랙 숄즈 모형

블랙 숄즈 모형은 엑셀로 간편하게 계산할 수 있다

히로 : 그럼 엑셀을 이용하여 살펴봅시다. 먼저 계산에 필요한 값은 아래와 같습니다. 괄호 안의 내용은 예시입니다.

S : 원자산의 현재가격 　예를 들어 삼성전자의 현재 주가(1만 원)

K : 행사가격 　(1만 1,000원)

q : 배당 수익률 　(0%)

r : 금리 　옵션 기간에 대응한 스폿 레이트(0.1%)

t : 옵션 기간(년) 　옵션 권리를 행사할 수 있는 기일까지의 기간 (3개월이면 0.25년)

σ : 볼러틸리티(연률) 　원자산의 볼러틸리티(20%)

이를 **그림39**와 같이 엑셀에 입력합니다.

먼저 d와 d'을 계산합니다. 계산식은 **그림40**을 참고하세요.

그리고 콜옵션(C)와 풋옵션(P)의 계산식을 입력합니다(**그림41**).

	A	B	C	D	E	F
1	1 블랙 숄즈 모형 만들기①					
2						
3	필요 값					
4	원자산 가격S	1만	원			
5	행사가격K	1만 1,000	원			
6	배당 수익률q	0.00%				
7	금리r	0.10%				
8	기간t	0.25	년			
9	볼러틸리티	20%				

그림 39 블랙 숄즈 모형 만들기①

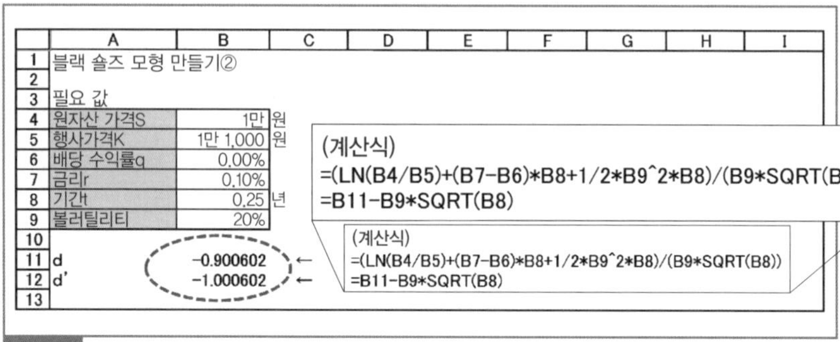

그림 40 블랙 숄즈 모형 만들기②

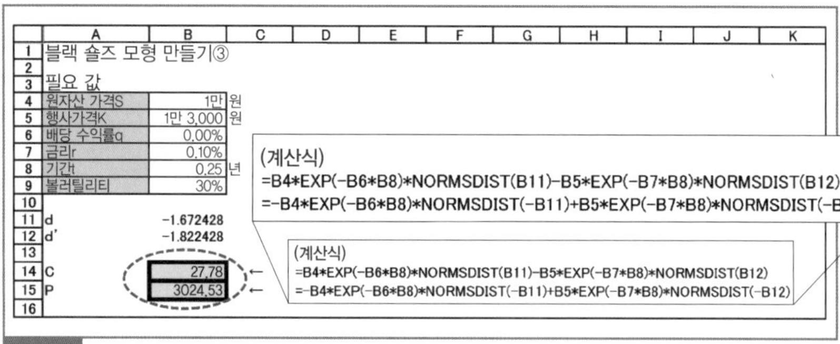

그림 41 블랙 숄즈 모형 만들기③

루나 : 이렇게 입력하면 되나요?

히로 : 네, 이제 완성되었습니다.

루나 : 노벨상 감 치고는 간단하네요.

옵션 프리미엄에는 시간가치가 포함되어 있다

히로 : 그럼 이 계산 시트를 통해 원자산 가격(S)을 9,500원, 1만 원…… 이런 식으로 조금씩 올려가며 콜옵션 프리미엄이 어떻게 변화하는지 확인해 봅시다.

루나 : 이렇게 되겠네요.

9,500	32.51
10,000	95.83
10,500	225.04
11,000	440.00
11,500	743.98
12,000	1123.94
12,500	1558.29

히로 : 그래프로 나타내면 **그림42**와 같은 곡선이 됩니다. 점선으로 표시된 직선이 지금까지 설명한 옵션의 손익 그래프인데, 실제 옵션 프리미엄은 그보다 조금 높아지는 것을 알 수 있습니다. 이것이 **타임 밸류**(time value)의 효과입니다.

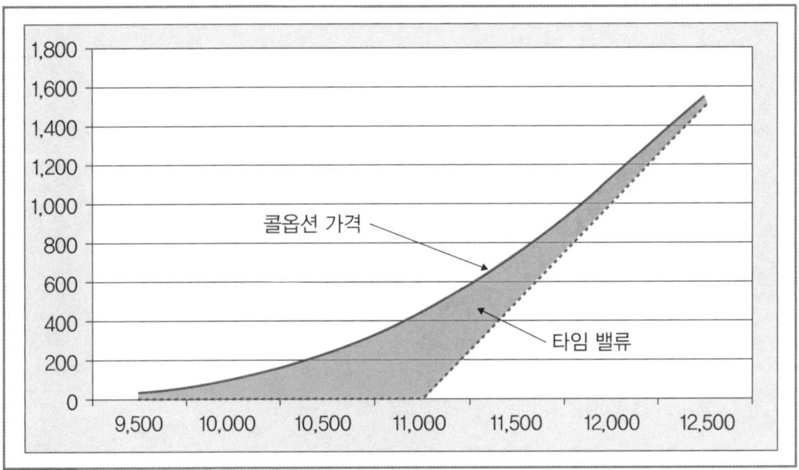

그림 42 원자산 가격S를 움직였을 때 콜옵션 가격의 변화

루나 : 시간가치라는 뜻인가요?

히로 : 맞습니다. 예를 들어 원자산 가격이 행사가격과 같은 1만 1,000원인 경우, 그대로라면 옵션은 이익을 창출하지 않지만 시간이 지나면 가격이 상승하여 이익이 발생할 가능성이 있습니다.

그것이 시간가치(타임 밸류)입니다. 타임 밸류는 원자산 가격이 행사가격에 가까운 수준이거나 그대로라면 그다지 이익을 창출하지 않지만, 가격이 상승하면 이익이 증가하고 가격이 하락해도 이익이 크게 감소하지 않는 상태일 때 커집니다. 반대로 그래프의 좌측 끝 쪽은 가격이 하락해도 이익은 줄지 않지만 가격이 다소 상승해도 옵션이 이익을 가져올 가능성은 낮으므로 타임 밸류는 낮습니다. 우측 끝 쪽은 주가가 상승하여 이익이 증가할 가능성도 있지만 주가가 하락하여 이익이 감소할 가능성도 크므로 역시 타임 밸류는 낮습니다. 따라서 타임 밸류는 **그림43**과 같은 형태가 됩니다.

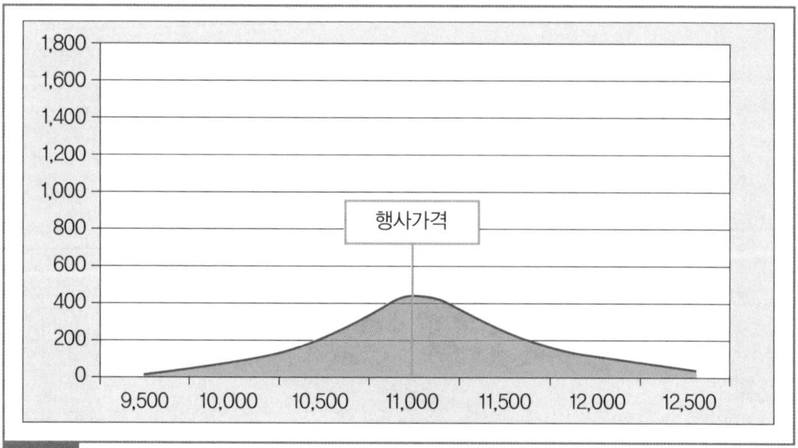

그림 43 옵션의 타임 밸류

루나 : 그렇군요. 타임 밸류라는 이름답게 시간이 짧아지면 프리미엄의 가치가 내려가게 되는 건가요?

히로 : 맞습니다. 옵션 만기(권리행사가 가능한 기한)가 다가와 만기까지의 시간이 짧아지면 타임 밸류가 작아져서 최종적으로는 직선의 손익 그래프와 일치하게 됩니다.

3-10 블랙 숄즈 모형의 사용법

환옵션도 블랙 숄즈 모형으로 계산할 수 있다

루나 : 블랙 숄즈 모형을 이용하면 다양한 옵션을 계산할 수 있나요?

히로 : 앞서 든 예시에서는 주식을 원자산으로 하는 콜옵션과 풋옵션을 계산해 보았습니다. 원자산을 채권이나 환으로 하는 경우에도 동일한 식으로 계산할 수 있습니다. 먼저 환옵션을 살펴봅시다. 원달러를 예로 들면 환은 원화 표시로 달러를 매매하는 것과 동일합니다. 따라서 앞에 나온 블랙 숄즈 모형의 식을 적용하여

S(원자산 가격) : 달러의 현재 가격=현재 환율

r(금리) : (원화 표시 거래이므로)원화 금리

q(배당 수익률) : 달러의 배당 수익률=달러 금리

σ(볼러틸리티) : 원화 환율의 볼러틸리티

라고 한다면, 이 상태로 환옵션을 계산할 수 있습니다. 이번에도 엑셀 시트를 이용하여 다음의 예를 실제로 계산해 봅시다.

계산 예

현재 원달러 환율	1,000원
행사 환율	1,050원
달러 금리	0.5%
원화 금리	0.1%
기간	6개월(0.5년)
볼러틸리티	10%

루나 : 값을 입력하면……, 콜옵션은 10.02, 풋옵션은 61.99이 됩니다(**그림44**).

히로 : 환율 부분에서 설명한 바와 같이 1달러 당 가격을 원으로 나타낸 것이므로, 가령 거래 금액이 100만 달러(즉 100만 달러를 살 권리, 팔 권리를 거래하는 경우)라고 할 때, 그 거래 금액을 곱하면 원화로 프리미엄이 얼마가 되는지 알 수 있습니다.

필요값

환율S	1,000	원
행사 환율K	1,050	원
달러 금리q	0.50%	
원화 금리r	0.10%	
기간t	0.5	년
볼러틸리티	10%	

d	−0.682926
d'	−0.753637

C	10.02
P	61.99

거래 금액

1,000,000달러의 경우

콜옵션 프리미엄 금액은
10,017,240원
풋옵션 프리미엄 금액은
61,989,249원

그림 44 환옵션의 계산 예

채권 옵션도 블랙 숄즈 모형으로 계산할 수 있다

히로 : 다음으로 채권 옵션을 살펴봅시다. 원자산이 채권이 되므로 S는 채권의 현재 가격, r은 원화 표시 거래이면 원화 금리, σ는 그 채권 가격의 볼러틸리티를 적용합니다. 배당 수익률 q는 채권을 보유하고 있는 경우, 미리 발행 시에 정해진 채권 이자(쿠폰)를 받을 수 있습니다.

따라서 이 쿠폰의 비율을 q에 입력하면 됩니다. 다음의 예를 실제로 계산해 봅시다.

계산 예

현재 채권 가격	1,000원
행사가격	990원
쿠폰 이율	2%
금리	0.1%
기간	1년
볼러틸리티	5%

루나 : 콜옵션 15.55, 풋옵션 24.36가 됩니다. 여기에 거래 금액을 곱하면 실제로 주고받을 프리미엄 금액이 됩니다(**그림45**).

히로 : 맞습니다.

루나 : 원자산이 바뀌어도 각각의 항목에 무엇을 입력할지 잘 생각해 보면 블랙 숄즈 모형 하나로 옵션 계산이 가능하네요.

필요 값

채권 가격S	1,000	원
행사가격K	990	원
쿠폰 이율q	2.00%	
금리r	0.10%	
기간t	1	년
볼러틸리티	5%	

d	−0.153993
d'	−0.203993
C	15.55
P	24.36

그림 45 채권 옵션의 계산 예

블랙 숄즈 모형에는 한계도 있지만 우선 기본을 파악하는 것이 중요하다

히로 : 다만 블랙 숄즈 모형에는 한계도 있습니다. 앞에서 설명한 변형 옵션처럼 기본 패턴과는 다른 변형된 종류의 옵션 중에는 블랙 숄즈 모형으로 계산할 수 없는 옵션이 있으니까요.

루나 : 그런 경우에는 어떻게 하나요?

히로 : 옵션 계산 모형에는 실제로 다양한 종류가 있습니다. 각각 장점과 단점이 있어요. 블랙 숄즈 모형은 기본 패턴의 옵션을 간

그림 46 실제로는 다양한 옵션 계산 모형이 있다

편하게 계산할 수 있는 이점이 있지만 일부 변형 옵션은 계산할 수 없습니다. 반대로 매우 계산하기 어렵지만 한번 계산 프로그램을 만들어 놓으면 복잡한 변형 옵션을 계산할 수 있는 모형도 있습니다.

루나 : 복잡한 변형 옵션까지 가는 길은 멀기만 하네요.

히로 : 여러 번 반복하지만 중요한 것은 기본을 파악하는 것입니다. 우선은 옵션의 개념과 블랙 숄즈 모형만 파악해 두면 됩니다.

그림 47 멀기만 한 변형 옵션으로 가는 길

3-11 현실 시장의 정합성

엄밀히 따지면 블랙 숄즈 모형의 가정은 현실과 조금 다른 점이 있다

루나 : 아까부터 조금 의문스러웠던 점이 있는데, 블랙 숄즈 모형은 시세의 움직임이 일정한 법칙에 따라 움직인다는 전제로 계산된 것이잖아요. 그 전제가 현실에서도 제법 들어맞는다는 건데, 이러한 이론으로 된 계산식만으로도 정말로 현실에서 거래가 성립되나요?

히로 : 블랙 숄즈 모형은 가격 변동이 브라운 운동을 따른다고 가정합니다. 이러한 이론적인 가정만으로 정말로 제대로 된 계산이 가능한지가 의문인 거군요.

현실의 가격 변동은 대체로 브라운 운동에 가까운 움직임을 보이지만, 엄밀히 따지면 조금 다른 부분이 있음을 알 수 있습니다. **그림48**과 같이 정규분포 또는 대수정규분포에 비해 실제 가격변동은 끝단이 조금 넓어진 형태를 가지고 있습니다. 큰 가격 상승 혹은 큰 가격 하락이 발생할 확률이 정규분포의 가정보다 조금 높다는 것입니다.

이처럼 끝단이 넓어진 부분을 **팻테일(fat tail)**이라고 합니다. 테일은 꼬리를 의미하는데, 여기서는 넓어진 '끝단'이라는 의미입니다.

팻테일은 전문가를 괴롭히는 존재다

루나 : 그럼 블랙 숄즈 모형은 엄밀히 따지면 정확한 계산은 아니라는 거네요.

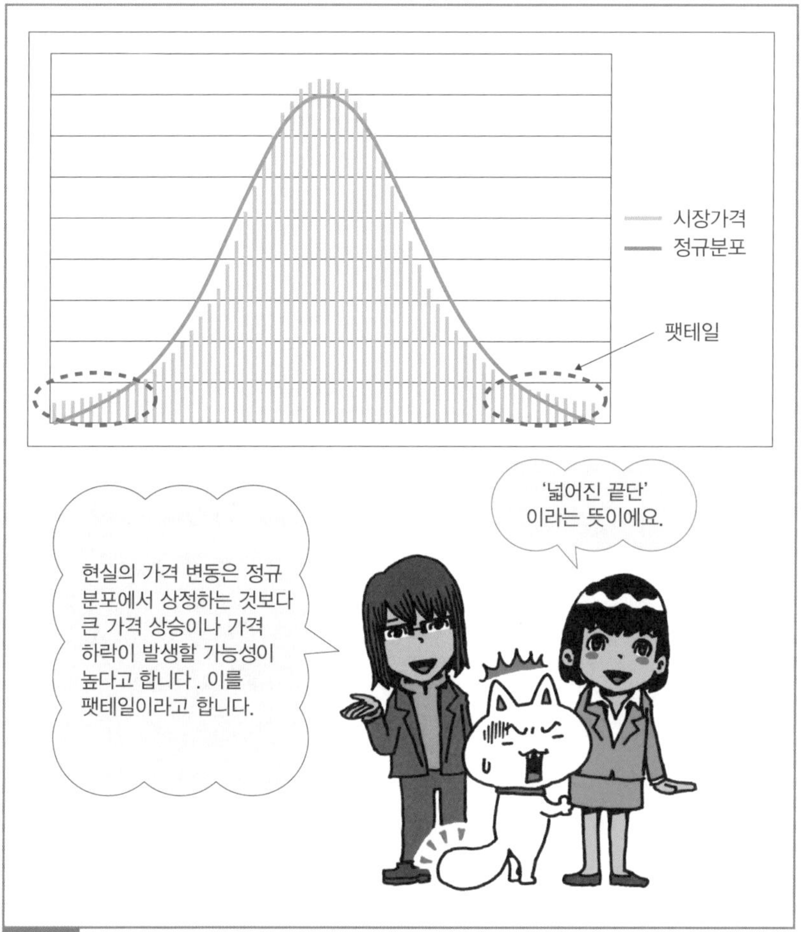

그림 48 현실의 시장가격 변동과 정규분포 비교

히로 : 대단한데요. 실은 그렇게 말하는 전문가들이 많습니다. 앞서 다룬 다양한 옵션의 계산 모형 중에는 이러한 블랙 숄즈 모형의 한계를 수정하기 위해 개발된 것이 많습니다. 하지만 결론적으로 아무리 모형을 복잡하게 만들어도 현실의 가격 변동을 정확하게 재현할 수는 없습니다. 그래서 실무의 세계에서는 좀 더 현실적인 방법으로 대처하고 있습니다.

루나 : 어떻게요?

히로 : 현실의 가격 변동은 큰 가격 변동이 일어날 가능성이 정규분포를 가정하는 경우보다 커진다고 했었죠. 그럼 다음과 같이 행사가격이 현재 가격에서 크게 벗어난 콜옵션을 가정해 봅시다.

현재 원자산 가격 1만 원

행사가격 1만 3,000원

배당 수익률 0%

금리 0.1%

기간 3개월

볼러틸리티 20%

앞에 제시된 엑셀 시트로 계산하면 1.56원이 됩니다. 현실의 가격 변동은 정규분포보다 크기 때문에 정규분포를 가정하여 계산하는 블랙 숄즈 모형의 계산 결과는 큰 가격 변동의 확률을 낮게 추정한 것이고 가격도 본래 수준보다 낮은 상태라고 할 수 있습니다. 여기서 계산에 사용할 볼러틸리티를 30%로 올려 계산해 봅시다. 결과는 27.78원으로 옵션 프리미엄이 조금 올랐습니다(**그림49**).

이와 같이 블랙 숄즈 모형을 사용하면서 현실의 가격 변동에 맞춰 입력 값을 조정하여 계산합니다.

필요 값

원자산 가격S	1만	원	
행사가격K	1만 3,000	원	← 행사가격이 원자산 가격에서 크게 벗어난 경우.
배당 수익률q	0.00%		
금리r	0.10%		
기간t	0.25	년	
볼러틸리리	30%		← 볼러틸리티는 조금 큰 값을 적용한다.

d	-1.672428
d'	-1.822428
C	27.78
P	3024.53

그림 49 팻테일 계산

루나 : 애써 정밀한 모형을 만들어 놨더니 마지막은 어림짐작으로 넘어가는 것 같은데요. 뭔가 석연치 않은 기분이 드는 건 왜죠…….

'시장은 적정하다'는 가정이 이 문제를 해결한다

히로 : 여기서 중요한 것은 '시장에서 정해지는 최신 가격이 가장 적정하다'는 전제입니다. 앞서 든 예시에서 볼러틸리티를 30%로 하면 될지 말지는 분명 '어림짐작'이죠.

그런데 시장에서는 25% 정도가 적당하다고 보는 사람도 있고, 35%로 하자는 사람도 있기 때문에 각각 거래를 반복하는 가운

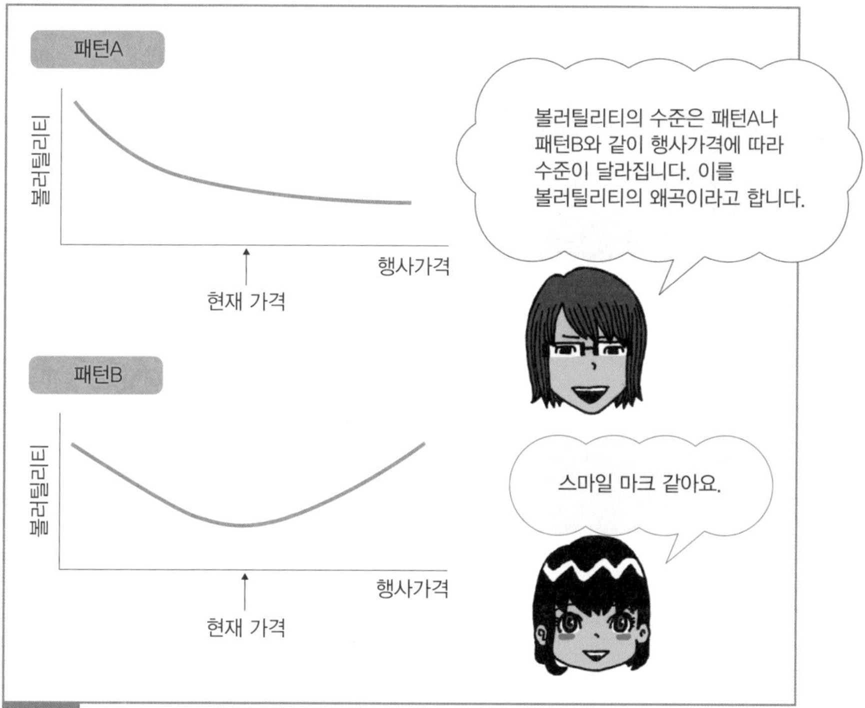

그림 50 옵션 계산에 적용하는 볼러틸리티는 행사가격에 따라 달라진다

데 예를 들어 30%로 거래 가격이 정해지게 된다고 해 봅시다. 이렇게 시장에서 거래되는 30%가 이 예시에 적용할 볼러틸리티가 됩니다.

루나 : 이론과 현실의 차이는 시장에서 거래되는 볼러틸리티를 적용함으로써 조정된다는 건가요?

히로 : 맞습니다. 실제로 대부분의 옵션 시장에서는 행사가격이 얼마만큼 현재 가격에서 벗어나 있는지에 따라 다른 볼러틸리티가 적용됩니다. 대개 **그림50**과 같은 형태가 되는 경우가 많습니다. 행사가격의 수준에 따라 적용하는 볼러틸리티를 바꾸는 성질을 **볼러틸리티의 왜곡(Skew)**이라고 합니다. 왜곡은 한쪽으로 치우친다는 의미입니다. 특히 **패턴 B**의 패턴은 양끝이 올라가 스마일 마크의 입처럼 보인다고 해서 **스마일**이라고 부릅니다.

루나 : 휴우~ 이제 옵션의 기본은 정복했네요.

◇블랙 숄즈 모형은 다음의 옵션 가격(프리미엄)을 간편하게 구할 수 있도록 공식화한 것이다.

옵션의 기대이익 즉,
대상이 되는 원자산의 가격이 미래 X원이 될 확률
× 그 때 옵션에서 발생하는 이익
을 전부 더한 것의 현재가치

이것이 옵션 가격(프리미엄)

◇블랙 숄즈 모형의 도출에는 고도의 수학이 이용되었지만 엑셀로 간편하게 계산할 수 있다.
◇블랙 숄즈 모형은 여러 가지 한계도 있지만 기본 패턴의 옵션이라면 충분히 적용할 수 있다.

그림 51 블랙 숄즈 모형 정리

COLUMN

파생상품의 명칭

파생상품은 계속해서 새로운 상품을 만들어내고 있습니다. 이러한 새로운 상품에는 다양하고 기발한 이름이 붙여지는 경우가 많습니다.

본문에서 설명했듯이 옵션에는 아메리칸, 유러피언, 그 중간 형태인 버뮤다 등의 지명이 붙여진 옵션이 있습니다. 그 밖에도 아시아, 에베레스트, 히말라야 같은 지명을 선호하여 붙여지는 경향이 있습니다. 호주 달러를 원자산으로 한 파생상품은 '코알라', 뉴질랜드 달러를 원자산으로 한 '키위', 영국 파운드를 원자산으로 한 '불독' 등 캐릭터를 강조한 이름이 붙여진 경우도 있습니다.

2000년대에는 복잡하고 기괴한 수많은 파생상품이 등장했습니다. 예를 들어 수취 금리(변동금리)가 어느 수준 이상으로 오르면 이후에도 점점 눈덩이처럼 상승하는 성질을 가진 상품에 '스노우볼(눈덩이처럼 불어난다는 의미)'이라는 이름이 붙여진 경우를 들 수 있겠습니다. 물론 파생상품은 마법의 지팡이가 아닙니다. 이 상품도 일단 어느 수준 이하로 내려가면 이후에는 수취 금리가 미끄러지듯 내려가는 리스크를 동반하고 있습니다. 무지개 일곱 빛깔처럼 원자산이 여러 개인 '레인보우'라는 옵션도 있습니다(일반적인 옵션은 원자산이 하나입니다).

그러나 아무리 매력적인 이름이 붙여졌어도 **언뜻 유리하게 보이는 상품은 리스크가 높고, 리스크가 낮은 상품은 리턴이 기대에 못 미친다**는 금융공학의 대원칙은 결코 변하지 않습니다.

제4장

리스크 관리의 기본 파악하기

리스크 관리는 금융기관이나 투자가가 시장의 변동으로 인해 파멸적 상황에 빠지는 사태를 회피하기 위해서는 필수불가결한 요소입니다. 리스크 관리를 위해서는 리스크에 대한 객관적인 측정이 중요한데 이것 역시 금융공학이 담당하는 주요 역할 중 하나입니다.

4-1 리스크 관리의 기본적인 개념

리스크와 리스크 관리

루나 : 금융공학을 활용하면 스왑이나 옵션 가치(프리미엄)를 계산할 수 있을 뿐만 아니라, 등가교환의 원칙을 조합하여 다양한 파생상품 거래가 가능하다는 것을 알았습니다. 다음으로 살펴볼 내용은 **리스크 관리에 대한 응용**인가요?

히로 : 지금까지 살펴본 개념의 기본을 파악했다면 리스크 관리에 대해서도 이해할 수 있을 거예요. 먼저 리스크와 리스크 관리에 대해 간단히 복습해 봅시다. 리스크란 무엇이라고 했었죠?

루나 : 주가 등 미래의 시세변동은 정확하게 예측하기 어렵습니다. 가격이 오를 수도 있고 내려갈 수도 있습니다. 따라서 이익(리턴)을 노린다면 손실이 발생하는 리스크도 감수해야 합니다. 다시 말해 리스크와 리턴은 비례 관계에 있습니다. 요점은 이 정도가 되겠네요.

히로 : 맞습니다. 또 하나 추가하자면 리스크의 크기는 레버리지(실제로 투입하는 자금보다 큰 규모의 거래 시 배율)와 볼러틸리티(가격 변동률)의 크기에 따라 정해집니다. 레버리지가 클수록, 볼러틸리티가 클수록 큰 이익이 발생할 가능성도 있지만 큰 손실을 입게 될 가능성도 있습니다. 그럼 리스크 관리의 목적은 무엇이었죠?

루나 : 리스크 관리는 단순히 리스크를 억제하는 것이 아니라 리스크의 양을 적정한 수준으로 유지하는 것입니다. 그리고 최악의 사태가 일어났어도 파멸적 상황을 피할 수 있도록 하는 것입니다.

히로 : 잘 기억하고 있군요. 기업의 경우는 최악의 사태에서 발생하는 손실이 자기자본을 넘지 않도록 하면 파산을 면할 수 있다고도 했습니다. 그럼 구체적인 리스크 관리의 방법을 살펴봅시다.

리스크 관리의 목적은

① 리스크의 양을 적정한 수준으로 유지하는 것
② 최악의 사태라도 파산하지 않도록 하는 것

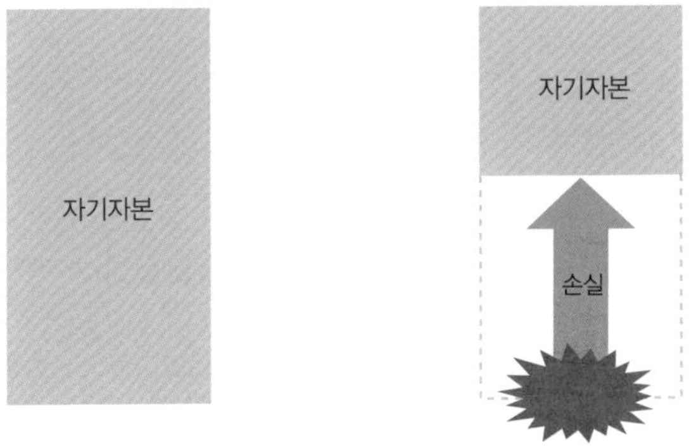

최악의 사태가 발생하더라도 손실이 자기자본의 범위 내로 제한되면 파산하지 않는다.

그림 1 리스크 관리의 기본 정리(복습)

리스크 관리에서 미래 가격의 분포 상정은 옵션 이론과 동일하다

히로 : 먼저 현재 주가 1만 원인 삼성전자 주식을 1,000주 매수한 경우를 예로 들어 봅시다. 한 달 동안 주식을 보유할 경우 리스크의 크기를 계산하려면 무엇이 필요할까요?

루나 : 주식을 보유하고 있을 때 손실이 발생하는 경우는 주가가 내려갈 때이니까 삼성전자 주식이 한 달 동안에 최대 얼마나 내려갈지 추정해야 합니다. 옵션에서 배운 정규분포로 계산하면 되나요?

히로 : 거기까지는 정답입니다. 그럼 어떻게 계산할 수 있는지 살펴봅시다. 삼성전자 주식의 미래 가격 분포는 정규분포이고 퍼짐 정도인 볼러틸리티는 25%라고 합시다. 블랙 숄즈 모형에서 다른 대수정규분포도 가능하지만 개념은 동일하므로 좀 더 간단한 정규분포로 가정해 봅시다. 한 달 후 삼성전자 주식의 가격 분포는 어떻게 될까요?

루나 : 정규분포의 형태를 결정하는 것은 '평균'과 '표준편차'였어요.

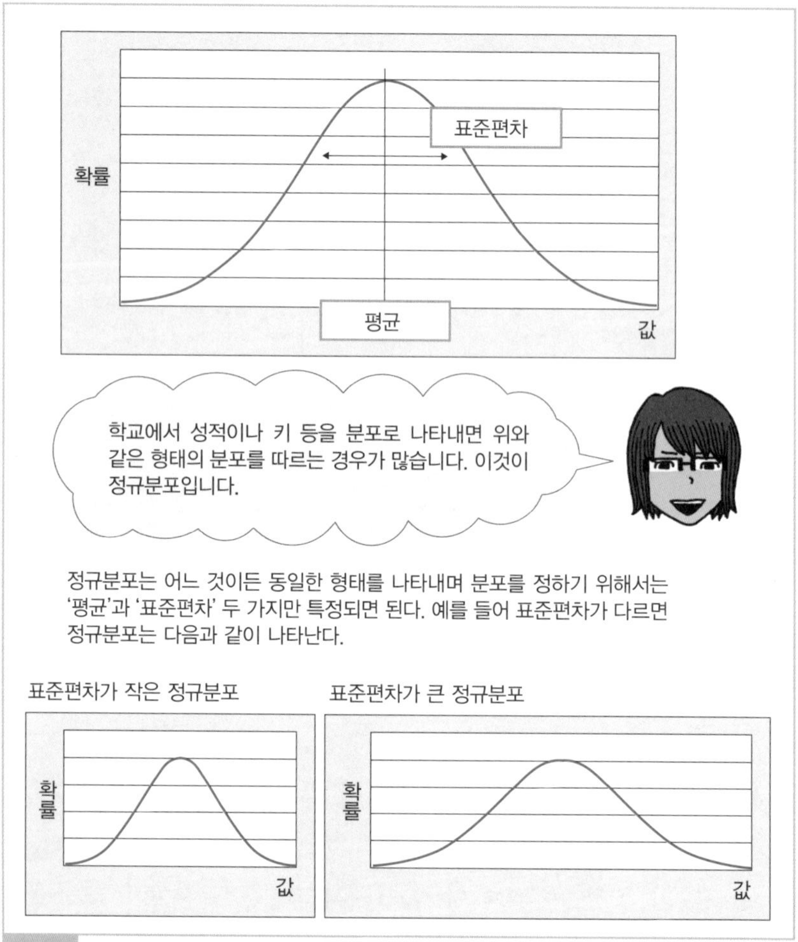

그림 2 정규분포(복습)

그림 3 현재가치와 미래 금액(복습)

평균은 현재 주가가 1만 원이니까 1만 원으로 하면 되겠죠? 표준편차는 볼러틸리티와 동일하니까 1만 원×25%=2,500원 아닌가요?

히로 : 우선 평균이 현재 주가인 1만 원인 것은 거의 정답에 가깝습니다. 엄밀히 말하면 한 달 후 주가의 평균값은 한 달 동안의 금리와 배당 효과 등을 고려해야 하므로 현재 주가와는 조금 다

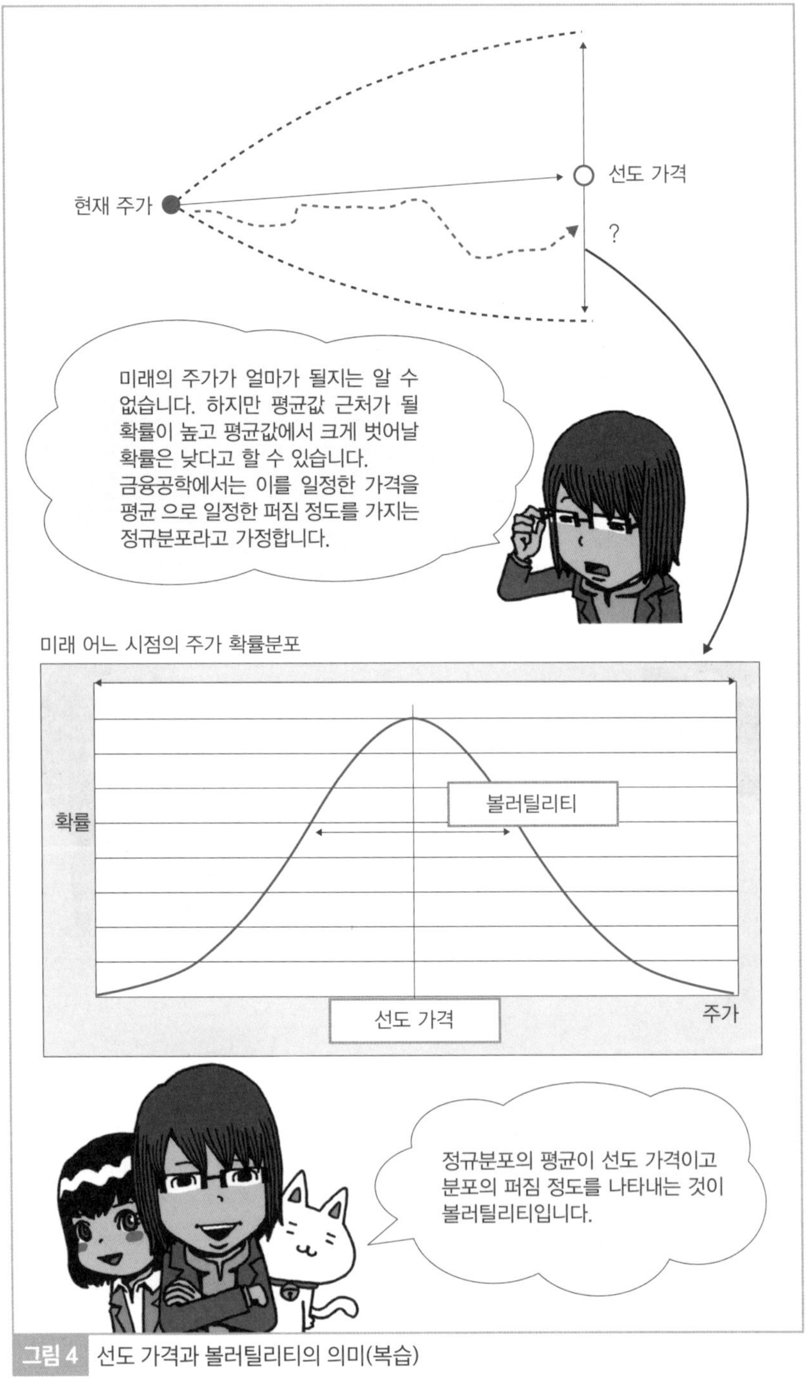

그림 4 선도 가격과 볼러틸리티의 의미(복습)

른 값이 됩니다. 하지만 대체로 현재 가격에 가까운 수준이 된다고 볼 수 있습니다.

루나 : 미래 금액을 현재가치로 할인할 때도 금리효과를 고려해야 했는데, 현재 주가를 미래의 가치로 환산할 때도 금리효과를 고려한다는 건가요?

히로 : 맞습니다. 현재가치의 계산과 정반대의 계산을 하는 겁니다. 이렇게 계산한 주가의 미래 가치를 **선도 가격**이라고 합니다. 이것이 정규분포의 평균이 됩니다. 여기서는 이해하기 쉽게 한 달 후 삼성전자 주식의 포워드 가격이 현재 주가 1만 원과 동일하다고 가정합니다.

다음으로 정규분포의 표준편차는 일반적으로 볼러틸리티가 연율로 표시되므로 앞서 25%라고 가정한 것은 **1년 동안의 시세변동의 표준편차가 25%**라는 의미입니다. 따라서 한 달 동안의 시세변동을 고려할 때는 볼러틸리티의 크기를 한 달분으로 환산해야 합니다.

루나 : 그럼 1년=12개월을 한 달분으로 환산하니까 25%를 12로 나누면 되나요?

히로 : 금융공학에서는 가격 변동을 **브라운 운동으로 가정**한다고 했습니다. **실제로 브라운 운동의 퍼짐 방식은 시간의 제곱근에 비례**합니다.

루나 : 무슨 의미인가요?

히로 : 시간이 배가 되면 분포의 퍼짐 정도, 즉 표준편차는 $\sqrt{2}$배(약 1.414배)가 된다는 겁니다. 시간이 4배가 되면 표준편차는 $\sqrt{4}$=2배가 됩니다. 그럼 1년의 볼러틸리티(표준편차)는 한 달의 볼러틸리티의 몇 배일까요?

루나 : '시간의 제곱근에 비례'하니까 1년은 한 달의 12배이므로 1년의 볼러틸리티는 한 달의 볼러틸리티의 $\sqrt{12}$(3.464……)배가 됩니다.

히로 : 맞습니다. 따라서 연율 볼러틸리티를 1개월분으로 환산하려면

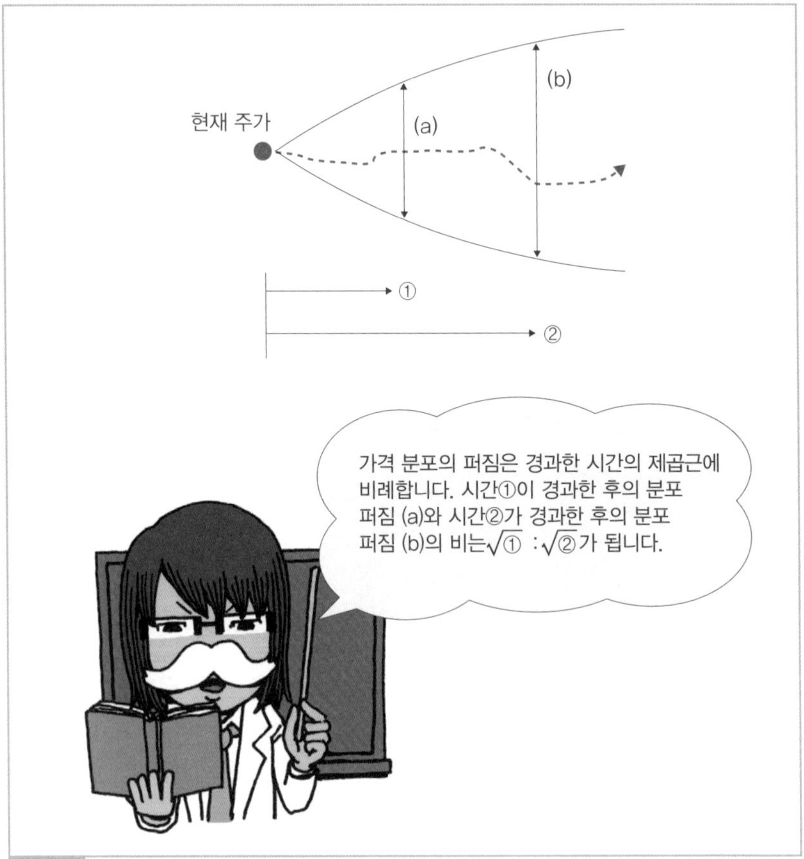

그림 5 시간의 경과와 분포의 퍼짐

$\frac{1}{\sqrt{12}}\left(=\sqrt{\frac{1}{12}}\right)$을 곱하면 됩니다. 이를 25%에 곱하여 계산하면 약 7.2%가 됩니다.

정규분포는 평균과 표준편차가 정해지면 분포를 특정할 수 있으니까 이제 분포가 정해지겠죠.

루나 : 그럼 이 정규분포를 통해 최악의 사태에서 얼마만큼의 손실이 발생할지 계산하면 되는군요.

최악을 계산하려면 무엇을 최악으로 볼 것인지 정의가 필요하다

히로 : 아직 문제가 남아 있습니다. 여기서 최악의 의미는 뭘까요?

루나 : 최악은 말 그대로죠. 일어날 수 있는 일 중에 가장 나쁜 사태요.

히로 : 예를 들어 거대 운석이 떨어져서 지구가 막대한 피해를 입었다면 주가는 휴지조각이나 다름없죠. 그 가능성은 한 달을 범위로 하면 한없이 제로에 가깝지만 정말로 확률이 제로라고 단정지을 수 있을까요?

루나 : 그럼 리스크 관리에서는 거대 운석의 충돌까지 상정해야 한다는 건가요?

히로 : 그 반대입니다. 거대 운석의 충돌까지 고려하면 리스크가 너무 커져 투자할 수 없게 됩니다. 어느 정도는 비상사태를 고려해야겠지만, 현실에서는 비즈니스를 이어나가야 합니다. 따라서 어느 정도의 비상사태를 최악의 사태로 볼 것인지 먼저 정의해 둘 필요가 있습니다.

루나 : 그렇다면 거대 운석의 충돌과 같은 초비상 사태는 리스크 관리가 불가능한가요?

히로 : 그렇습니다. 어디까지나 **어느 정도 현실적인 범위를 정해서 그 안에서 발생할 수 있는 최악의 사태의 손실액을 계산**합니다.

정규분포의 확률분포는 평균에서 벗어나면 가격 상승 또는 하락이 크게 일어날 확률이 줄어들지만 결코 제로가 되지는 않습니다. 이것이 거대 운석의 충돌과 같은 초비상 사태를 나타낸다고 볼 수 있습니다. 따라서 엄밀히 계산하면 발생할 수 있는 최대의 손실액은 무한대가 됩니다.

루나 : 그럼 어떻게 하면 되나요?

히로 : 앞서 최악의 사태에 대한 정의가 필요하다고 했죠. 예를 들어 다음과 같이 가정해 봅시다. 정규분포에서 주가가 (평균－표준편차×2.33배) 이하가 될 확률은 약 1%라는 것을 알고 있습니다. 2.33이라는 수치를 구하는 방법은 나중에 설명하기로 하고 여기서는 그런 것이 있다고만 이해하면 됩니다. 무엇보다 이러한 계산이 쉽게 가능하다는 점이 정규분포의 편리한 점입니다. 삼성전자 주식을 예로 들면

$$\text{표준편차}=1\text{만 원}\times 25\%\times\frac{1}{\sqrt{12}}=721.69$$

(소수점 셋째 자리 이하 반올림)

주가가 (평균－표준편차×2.33) 이하가 될 확률은 1%가 되는데, 이 (평균－표준편차×2.33)의 주가는

$$10000-721.69\times 2.33=8318.46$$(소수점 셋째 자리 이하 반올림)

즉, 삼성전자 주식이 한 달 후에 8,318.46원 이하가 될 확률은 약 1%입니다. 그럼 주가가 8,318.46원이 되었을 경우 손실액은 얼마일까요?

루나 : 1,000주×(1만 원－8,318.46원)=168만 1,540원 손실이 됩니다.

히로 : 맞습니다.

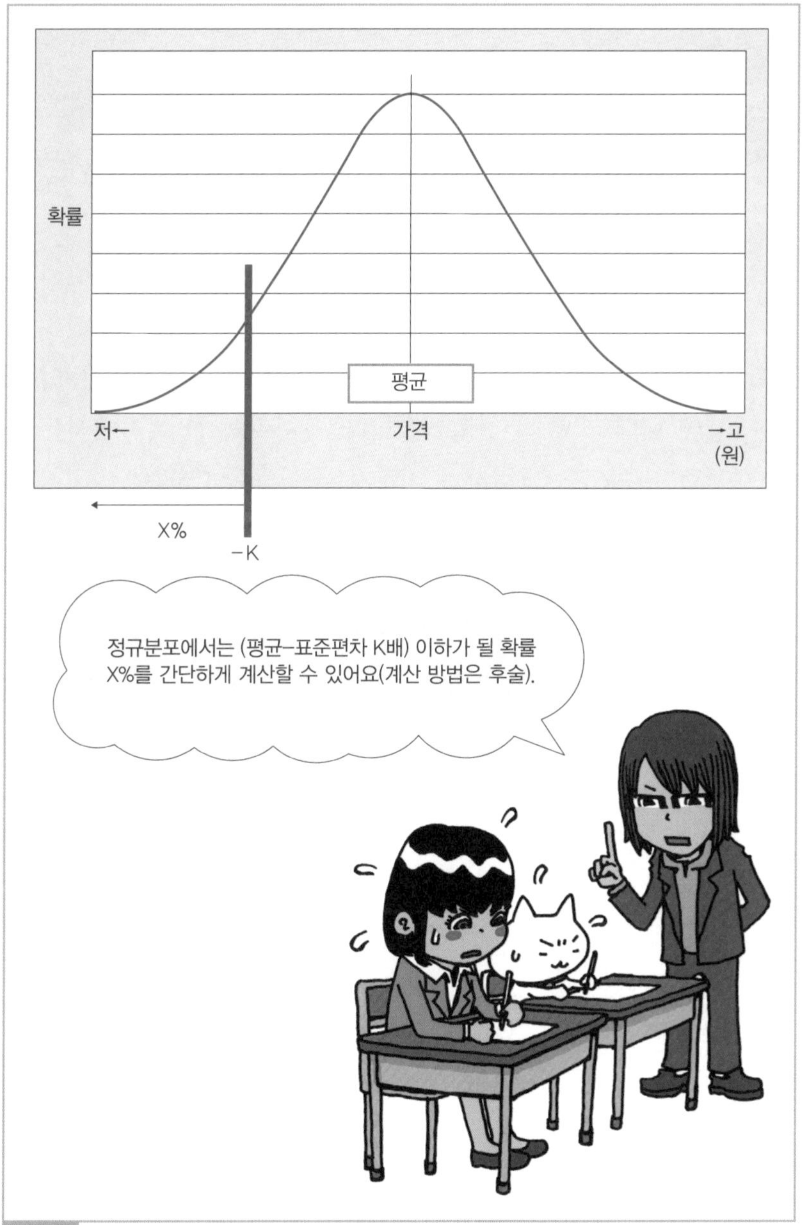

그림 6 정규분포의 확률 계산

4-2 밸류 앳 리스크 계산 방법

VaR는 일정한 정의를 바탕으로 예상한 최대 손실액

히로 : 지금까지 리스크 계측의 주요 개념인 **밸류 앳 리스크(VaR)**의 개념에 대해 거의 다 설명했습니다. 앞서 계산한 예시에서는 삼성전자 주가가 8,318.46원 이하가 될 확률이 1%밖에 되지 않는다는 전제로, 주가가 8,318.46원이 되면 손실액은 168만 1,540원이 된다는 계산 결과를 얻었습니다. 다시 말해서 삼성전자 주식 1,000주를 한 달 동안 보유했을 때 손실은 99%의 확률로 168만 1,540원을 넘지 않습니다. 이를 **보유기간 1개월, 신뢰구간 99%의 VaR**라고 합니다.

루나 : 잠깐만요. 다시 말하면 8,318.46원을 밑돌 확률이 1%이니까 1%의 확률로 손실이 168만 1,540원을 웃돈다는 건가요?

히로 : 맞습니다. VaR는 일정한 확률의 범위 내에서 계측한 최대 손실액을 말합니다. 그 일정한 확률의 범위를 **신뢰구간**이라고 합니다. 앞의 예시에서는 99%가 신뢰구간입니다. 신뢰구간이 100%가 아닌 한 (100%-신뢰구간)의 확률로 VaR를 넘는 손실이 발생합니다. 하지만 신뢰구간을 100%로 하는 것은 거대 운석이 충돌할 가능성도 고려해야 하므로 현실적이지 않습니다. 즉, 최악의 사태에 대해 현실적인 정의를 내린 후에 일정 범위 내에서 일어날 수 있는 최대 손실액을 계산하는 것이 VaR입니다.

루나 : 그럼 이번에는 신뢰구간을 어느 정도로 설정할 것인지가 문제가 되겠네요.

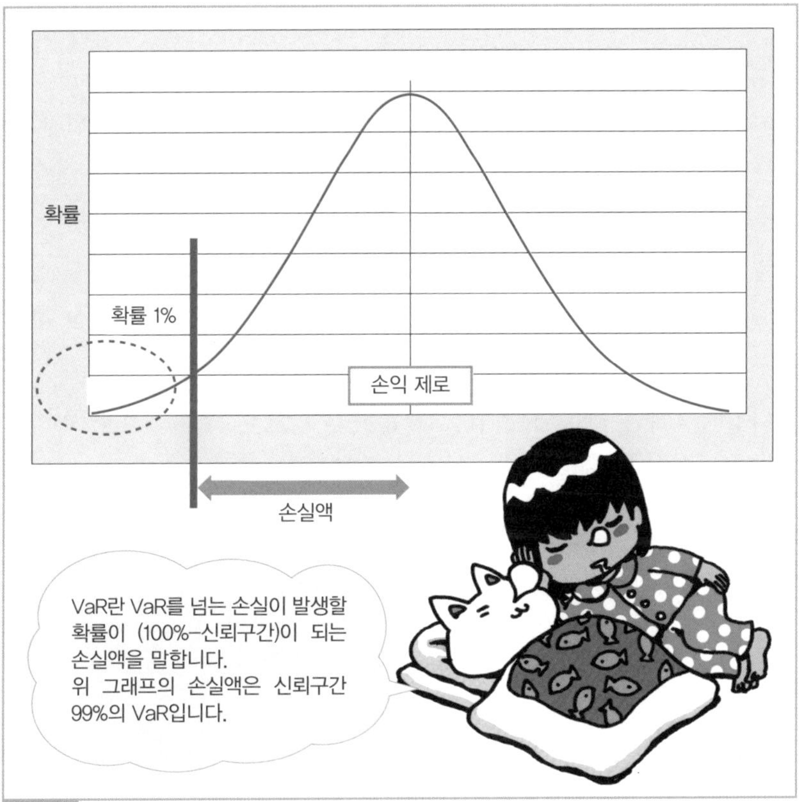

그림 7 VaR 이미지

히로 : 그렇습니다. 그리고 **보유기간**을 얼마로 잡을지도 문제가 됩니다. 일반적으로 활발하게 거래되는 주식이나 채권을 보유하고 있는 경우, 시세 예측이 빗나갔을 때는 바로 매각하여 리스크를 줄일 수 있다고 생각해서 보유기간을 10일로 설정하는 것이 일반적입니다. 보유기간 10일의 경우 볼러틸리티는

$$\text{연율 볼러틸리티} \times \frac{10}{\sqrt{250}}$$

으로 계산할 수 있습니다.

루나 : 여기서 250은 뭔가요?

히로 : 일수로 계산할 경우 주말, 공휴일 등을 제외합니다. 이를 **영업일 기준**이라고 하는데 대개 연간 250일 정도가 됩니다. 보유기간 10일도 주말, 공휴일을 제외한 영업일 기준으로 10일 보유를 의미합니다. 주말, 공휴일은 금융시장이 문을 닫아 거래할 수 없으므로 계산에서 제외합니다. 신뢰구간은 앞서 예시에도 사용한 '99%'를 주로 사용합니다. 그리고 이렇게 계산된 VaR가 자기자본을 넘지 않도록 합니다. 이렇게 하면 99%의 확률로 파산을 면할 수 있게 되죠.

루나 : 현실적인 확률의 범위를 설정하지 않으면 현실적으로 의미가 있는 최대 손실액을 계산할 수 없다는 거군요. 그렇지만 99%로 정말로 충분한지 조금 의문이 남는데요.

히로: 1%의 확률로 파산하기도 하니까요. 실제로는 '좀 더 엄격한 리스크 측정을 해야 한다'는 의견이 강합니다. 신뢰구간을 좀 더 끌어올려야 한다든지,

자기자본>VaR

이면 괜찮다는 단순한 관점이 아닌

자기자본>VaR×α

와 같이 버퍼 α를 설정하여 좀 더 여유를 두어야 한다는 의견도 있습니다. 보유기간도 유사시에 바로 팔 수 없는 특수한 상품의 경우, 보유기간을 10일로 측정하는 것은 위험합니다. 시장에서 그다지 활발하게 거래되지 않는 특수한 상품은 만일의 경우에 쉽게 팔리지 않기 때문입니다. 팔고 싶어도 팔리지 않아 가격이 미끄러지듯 내려가는 리스크를 고려하면 보유기간을 좀 더 길게 설정할 필요가 있습니다.

실제로 리스크 관리 현장에서는 이러한 관점이 곳곳에 도입되어 보다 실태에 맞는 리스크 계측이 가능하도록 다양한 조건을 상세히 정해 계측이 이루어지고 있습니다.

루나 : 하나의 공식에 적용하여 계산하면 될 것이 아니라 리스크가 제대로 계측된 것인지 다양한 요소를 고려하면서 계산하는 것이 중요하군요.

VaR란 일정 보유기간, 일정 신뢰구간으로 상정되는 예상최대손실액을 말한다.

보유기간: 쉽게 매매 가능한 것은 10일이 표준
→ 쉽게 매매할 수 없는 것은 보유기간을 길게 설정한다.

신뢰구간: 쉽게 매매 가능한 것은 99%가 표준
→ VaR를 넘는 손실액은 1%(100%-99%)의 확률로 발생한다는 점에 주의할 것.

그림 8 VaR 정리

엑셀로 계산해 보기 (1)

히로 : 앞에서 볼러틸리티의 2.33배 이상의 가격 하락이 일어날 확률은 1%라고 했습니다. 이것은 엑셀로 간편하게 계산할 수 있습니다. 엑셀에는 정규분포에서 어느 일정 값 이하가 될 확률을 계산하는 함수가 있습니다. 바로

=NORMSDIST( )

라는 함수인데, 이를 '표준정규분포의 확률분포함수'라고 부릅니다. 이 함수는 옵션 계산 시에 174페이지에도 등장했습니다. 그래프로 나타내면 **그림9**의 주황색 부분을 계산하는 것입니다. 예를 들어 (평균−표준편차×2.33배) 이하가 될 확률은

=NORMSDIST(−2.33)

로 계산할 수 있습니다.

루나 : 실제로 계산해 보니 0.0099……. 그러니까 약 1%네요.

히로 : 반대로 이 확률이 X%가 되는 것은 분포의 어느 언저리인지를 계산하는 함수도 있습니다. 즉, 어느 값을 밑돌 확률이 1%가 되는 값을 구하는 것입니다.

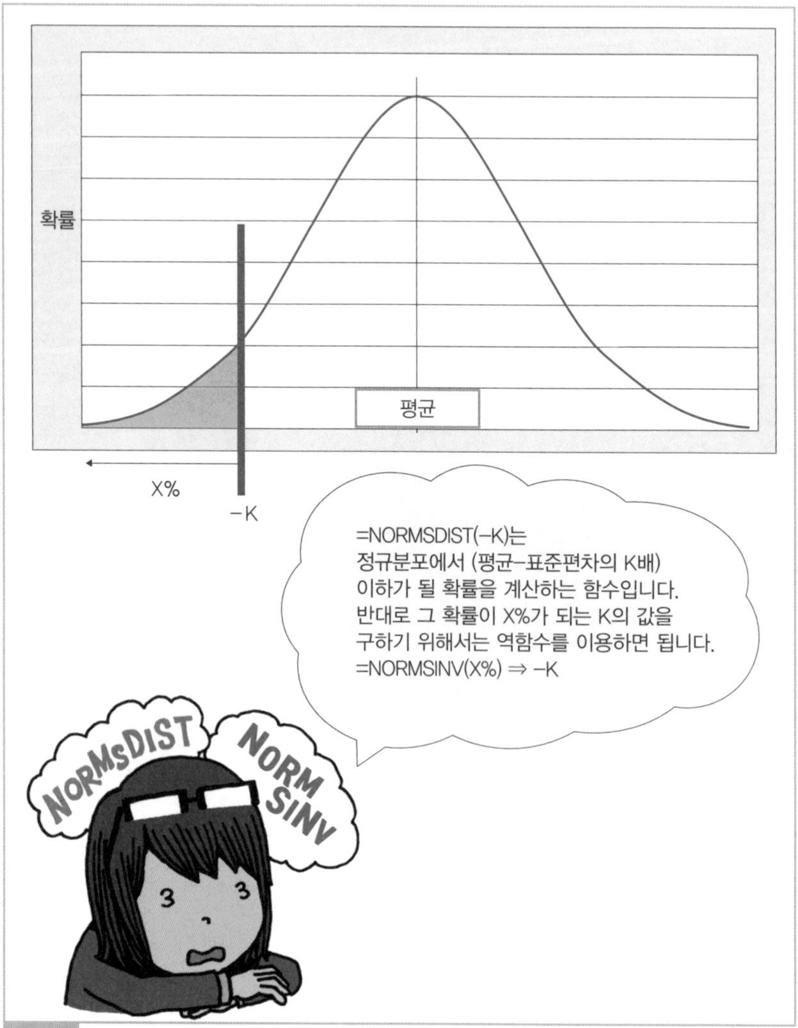

그림 9 정규분포의 확률 계산

이를 '표준정규분포의 확률분포함수의 역함수'라고 하며

=NORMSINV( )

로 계산할 수 있습니다. 이 함수에 1%라는 값을 넣어 봅시다.

루나 : 음, −2.326…….

히로 : 그 값이 앞에서 표준편차(또는 볼러틸리티)의 2.33배라고 했던

값을 제대로 계산한 정확한 값입니다. 따라서 신뢰구간을 바꾸고 싶은 경우는 이 역함수를 이용하여 간편하게 VaR를 다시 계산할 수 있습니다. 식으로 나타내면

=NORMSINV(100%–신뢰구간)

예를 들어 신뢰구간을 99.9%로 계산하면

=NORMSINV(100%–99.9%)=NORMSINV(0.1%)=–3.09……

가 되므로 앞에서 볼러틸리티의 2.33배로 계산한 것을 3.09배로 바꾸면 신뢰구간 99.9%의 VaR를 계산할 수 있습니다. 예시의 삼성전자 주식을 1,000주, 한 달 동안 보유한 경우의 VaR를 신뢰구간 99.9%로 다시 계산해 봅시다.

루나 : 10000–721.69×2.33=8318.46……원

이 식의 밑줄 부분을 3.09로 바꾸면 되니까

10000–721.69×3.09=7769.98……원

이 때 손실액은

1000주×(1만 원–7769.98원)=223만 20원 손실

히로 : 정답입니다. 그 값이 신뢰구간을 99.9%로 끌어올렸을 때의 VaR가 됩니다. 식을 정리하면 **그림10**과 같이 계산할 수 있습니다.

VaR=투자 금액×볼러틸리티(연율)×$\sqrt{\text{보유기간(년)}}$×N^{-1}(100%–신뢰구간)

=SQRT ( )　　=NORMSINV ( )

투자금액	100만 원
볼러틸리티	25%
보유기간	1개월
신뢰구간	99.9%
	이라면

함수를 사용하여 계산할 수 있습니다.

VaR = 100만 원×25%×SQRT($\frac{1}{12}$)×NORMSINV(0.1%)
= –223,018

※끝수 처리 관계로 본문 중의 숫자와는 오차가 있다.

그림 10 어느 자산을 보유하고 있을 경우의 VaR 계산

리스크의 발생원이 복수일 때는 상관관계를 고려할 필요가 있다

루나 : 요령만 파악하면 VaR는 의외로 쉽게 계산할 수 있군요.

히로 : 그렇습니다. 그 밖에도 여러 가지 고려해야 할 문제가 있습니다. 예를 들어 삼성전자 주식뿐만 아니라 국채나 외화예금을 보유하고 있는 경우를 가정해 봅시다.

① 삼성전자 주식 1,000주(1,000주×1만 원=1,000만 원)

② 국채 500만 원……국채 시세변동으로 손익 발생

③ 달러 예금 500만 원……원달러 환율 변동으로 손익 발생

위와 같은 예를 가정해 봅시다. 합계 2,000만 원을 세 종류의 자산으로 나누어 투자하고 있습니다. 이러한 자금 전체의 구성을 **포트폴리오**라고 합니다.

이 포트폴리오 전체, 즉 투자 자산 2,000만 원의 VaR를 보유기간 10일, 신뢰구간 99%로 계산해 봅시다.

루나 : 앞에서 계산했던 방법으로 ①, ②, ③의 VaR를 구하면 되나요?

히로 : 그러려면 각각의 가격 변동률의 크기, 즉 볼러틸리티가 얼마인지 알아야 합니다. 여기서는 국채 5%, 환율(원달러) 10%라고 가정합시다.

루나 : 그러니까 볼러틸리티의 2.33배, 가격이 하락했을 때의 손실을 계산하면 되니까

$$1{,}000\text{만 원} \times 25\% \times \sqrt{\frac{10}{250}} \times 2.33 = 116\text{만 } 5{,}000\text{원}$$

$$500\text{만 원} \times 5\% \times \sqrt{\frac{10}{250}} \times 2.33 = 11\text{만 } 6{,}500\text{원}$$

$$500\text{만 원} \times 10\% \times \sqrt{\frac{10}{250}} \times 2.33 = 23\text{만 } 3{,}000\text{원}$$

투자 금액		2,000만 원	
	내역	① 삼성전자 주식	1,000만 원
		② 국채	500만 원
		③ 달러 예금	500만 원

그림 11 자산 전체의 구성(포트폴리오)

히로 : 각각의 계산은 그렇게 하면 됩니다. 다만 여기서 고려해야 할 것은 각 자산의 **상관관계**입니다. 예를 들어 삼성전자의 주가가 내려갔을 때 국채 가격은 오른다거나, 원달러 환율이 오르면 삼성전자 주식은 손실이 발생하지만 국채나 달러 예금은 이익이 발생합니다.

루나 : 그렇군요. 이러한 경우에는 손실과 이익이 상쇄되겠네요.

히로 : 맞습니다. 이 예시는 세 가지 다른 자산으로 분산하여 투자한 것인데, 이러한 경우에는 하나의 자산에서 발생한 손실이 다른 자산에서 발생하는 이익으로 상쇄되어 손실이 제한되는 효과가 발생합니다. 이를 **분산효과**라고 합니다.

삼성전자 주식의 가격이 내려갔을 때 국채도 원달러 환율도 항상 같이 내려가는 관계가 아닌 이상 분산효과를 통해 포트폴리오 전체의 리스크가 작아집니다. 이 분산효과를 반영한 VaR를 **포트폴리오 VaR**라고 합니다.

루나 : 그럼 분산효과는 어떻게 계산하나요?

히로 : 먼저 각 자산의 가격 변동에 대해 **상관계수**를 추정할 필요가 있습니다. 예를 들어 삼성전자 주식과 국채가 항상 같은 방향으로 연동하여 움직이는 경우는 상관계수가 1, 항상 역방향으로 움직이는 경우는 상관계수가 －1이 됩니다. 보통은 그 사이 어디쯤, 즉 **－1<상관계수<1의 범위**가 됩니다. 이 상관계수를 과거의 시세변동 등을 통해 추측할 필요가 있는데, 예를 들어 삼성전자 주식과 국채의 가격 변동 상관계수를 －0.2라고 추정한다고 합시다. 삼성전자 주식과 국채의 가격은 반대로 움직이는 경우가 많지만 같은 방향으로 움직이는 경우도 있다는 것이겠죠. 마찬가지로 국채 가격과 원달러 환율의 상관계수를 0.3이라

①	삼성전자 주식 VaR	−1,165,000
②	국채 VaR	−116,500
③	달러 예금 VaR	−233,000
	단순 합계	−1,514,500

포트폴리오 전체의 VaR가 ①+②+③이 되는 것은 삼성전자 주식, 국채, 원달러 환율이 항상 같이 움직일 때
(세 가지 자산의 상관계수가 모두 1일 때)

삼성전자 주식이 크게 하락했을 때 국채와 달러 예금이 다른 움직임을 보였다면
(예를 들어)

①	삼성전자 주식 VaR	−1,165,000
②	국채 VaR	50,000
③	달러 예금 VaR	−100,000
	합계	−1,215,000

포트폴리오 VaR는 단순 합계보다 작아진다.

그림 12 포트폴리오 VaR와 분산효과의 예

고 합시다. 즉 같은 방향으로 움직이는 경우가 많다는 것입니다. 삼성전자 주식과 원달러 환율의 상관계수도 필요하므로 이것은 0.2이라고 합시다. 이를 표로 나타내면 **그림13**과 같습니다. 삼성전자 주식과 삼성전자 주식의 상관계수는 같은 것이니까 항상 같은 움직임을 나타낸다고 보아 1로 합니다. 그리고 삼성전자 주식과 국채의 상관계수, 국채와 삼성전자 주식의 상관계수는 어느 쪽을 기준으로 하더라고 상관계수 자체는 달라지지 않으므로 같은 값을 넣습니다. 이렇게 표 안의 모든 값을 채웁니다. 이를 **분산공분산 행렬**이라고 합니다.

	삼성전자 주식의 주가	국채 가격	원달러 환율
삼성전자 주식의 주가	1	−0.2	0.2
국채 가격	−0.2	1	0.3
원달러 환율	0.2	0.3	1

(음영) 동일한 것끼리는 항상 1

←→ 각각 동일한 값 입력

그림 13 분산공분산 행렬

루나 : 이 상관계수 표를 어떻게 사용해야 포트폴리오 VaR를 계산할 수 있다는 건지 감이 안 오는데요. 다시 복잡해졌네요.

히로 : 말로 설명하자면 어렵습니다. 하지만 엑셀로 계산하는 방법을 익히면 이것도 쉽게 계산할 수 있습니다.

엑셀로 계산해 보기 (2)

히로 : 앞서 ① 삼성전자 주식 1,000만 원의 VaR=116만 5,000원, ② 국채 500만 원의 VaR=11만 6,500원, ③ 달러 예금 500만 원의 VaR=23만 3,000원이라는 계산 결과가 나왔습니다. 이를 가로로 나열해 보겠습니다.

[165,000 116,500 233,000]

이것도 행렬의 일종입니다. 이를 행렬 A로 합니다. 앞에 나온 분산공분산 행렬은 행렬 B로 합니다. 여기에 더해 행렬 A를 세로로 나열한 행렬A^T를 만듭니다.

$$\begin{bmatrix} 1{,}165{,}000 \\ 116{,}500 \\ 233{,}000 \end{bmatrix}$$

위와 같이 나열한 행렬을 원래 행렬의 **치환행렬**이라고 합니다. 여기서 지금 만든 행렬을 곱셈합니다.

행렬A × 행렬B × 행렬A^T

루나 : 행렬 곱셈은 어떻게 하나요?

히로 : 엑셀 함수로

=MMULT(행렬1, 행렬2)

로 하면 행렬 곱셈을 할 수 있습니다. 이 경우 행렬은 세 개이므로

〈필요 데이터〉

삼성전자 주식 1,000만 원의 VaR	1,165,000
국채 500만 원의 VaR	116,500
달러 예금 500만 원의 VaR	233,000

분산공분산 행렬

	삼성전자 주식의 주가	국채 가격	원달러 환율
삼성전자 주식의 주가	1	-0.2	0.2
국채 가격	-0.2	1	0.3
원달러 환율	0.2	0.3	1

〈계산〉

행렬A

1,165,000	116,500	233,000

행렬B

1	-0.2	0.2
-0.2	1	0.3
0.2	0.3	1

행렬A^{T}

1,165,000
116,500
233,000

포트폴리오 VaR=SQRT(MMULT(MMULT(행렬A, 행렬B), 행렬A^{T})) = 1,222,973

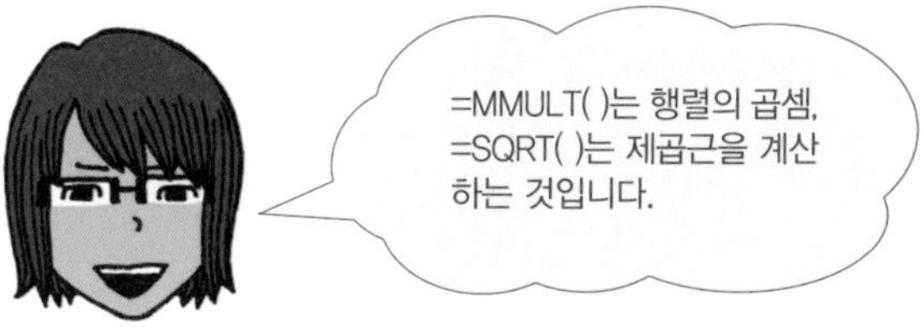

그림 14 포트폴리오 VaR의 계산 예

=MMULT(MMULT(행렬A, 행렬B), 행렬A^{T})

로 하면 됩니다. 이 곱셈 결과의 제곱근을 구하면 포트폴리오 VaR가 됩니다.

이 계산이 의미하는 것을 간략하게 그림으로 설명하면 **그림15** (A)와 같이 세 개의 원을 더한 것, 즉 삼성전자 주식, 국채, 달

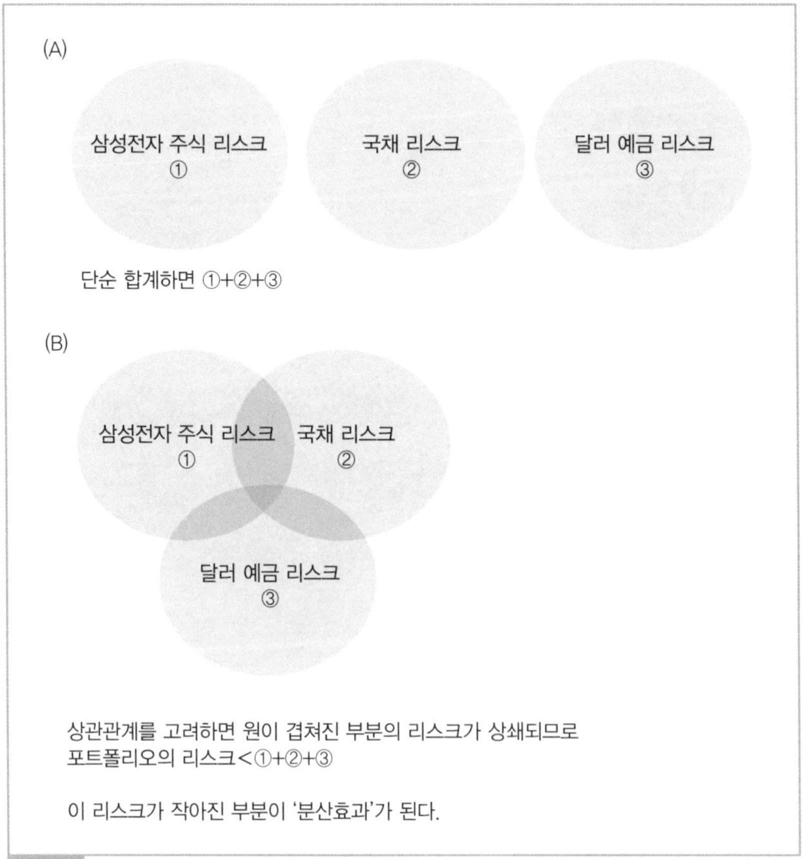

그림 15 포트폴리오 VaR의 이미지

러 예금 각각의 VaR를 그대로 더한 것에 해당합니다. (B)는 세 개의 원이 일부 겹쳐져 있습니다. 이 부분이 셋의 상관관계에 따른 분산효과를 나타냅니다. 그리고 일부가 겹쳐진 도형의 면적을 구한 것이 지금의 계산 결과입니다. 겹쳐진 부분이 있으므로 각각의 면적을 합한 것보다 작아집니다.

루나 : 구조는 알겠는데 실제 계산 방법과 잘 연결되지 않아요.

히로 : 일단 분산공분산 행렬의 모든 값을 1로 해봅시다. 삼성전자 주식과 국채, 달러 예금이 항상 동일하게 움직이는 상태입니다.

결과는 포트폴리오 VaR가 151만 4,500원으로 각각의 VaR를 그대로 더한 것과 동일해집니다.

다시 분산공분산 행렬로 돌아가 보면 122만 2,970원으로 VaR가 작아진 것을 알 수 있습니다. 이는 분산효과로 리스크가 작아진 것을 의미합니다.

루나 : 엑셀의 행렬 계산을 이용하면 이러한 분산효과를 간단히 계산할 수 있군요.

히로 : 자산의 수가 늘어나도 행렬을 늘리기만 하면 동일한 방법으로 계산할 수 있으니까 실제 계산은 매우 간단합니다.

삼성전자 주식 1,000만 원의 VaR 1,165,000
국채 500만 원의 VaR 116,500
달러 예금 500만 원의 VaR 233,000

이를 모두 1로 치환하여
계산해 보기

분산공분산 행렬

	삼성전자 주식의 주가	국채 가격	원달러 환율
삼성전자 주식의 주가	1	1	1
국채 가격	1	1	1
원달러 환율	1	1	1

〈계산〉

행렬A

1,165,000	116,500	233,000

행렬B

1	1	1
1	1	1
1	1	1

행렬A^T

1,165,000
116,500
233,000

포트폴리오 VaR = 1,514,500

분산효과 = 1,514,500−1,222,970
= 291,530

상관관계를 고려한 VaR

상관계수를 모두 1로 하여 계산한 포트폴리오 VaR의 값 1,514,500은 **그림15** (A)의 세 개 원의 면적을 그대로 더한 것에 해당한다. 분산효과를 보기 위해 비교한 1,222,970은 **그림14**에서 구한 값으로, **그림15** (B)의 겹쳐진 원의 면적에 해당한다.

그림 16 포트폴리오 VaR의 계산 예

4-3 리스크 관리의 한계와 과제

VaR의 한계

루나 : VaR 계산 방법까지 알았으니 이제 리스크 관리도 완벽하네요!

히로 : 리스크 관리를 완벽하게 이해하기 위해서는 **VaR의 한계**에 대해서도 알아야 합니다.

루나 : VaR의 한계요?

히로 : VaR는 다양한 가정을 두고 리스크를 추정하는 방법이니까 실제로 미래에 일어날 일을 정확하게 예상할 수 있는 것은 아닙니다. 앞에 나온 예와 같이 삼성전자 주식의 가격 변동의 크기, 즉 볼러틸리티 25%, 국채와의 상관계수 －0.2 등 다양한 가정을 바탕으로 성립됩니다. 하지만 이 가정은 지금은 타당할지라도 미래 상황이 달라지면 부적절해질 수도 있습니다. 예를 들어 삼성전자 주식은 지금까지보다도 큰 움직임을 보일 수 있으므로 적절한 볼러틸리티는 30%가 될 수도 있습니다. 삼성전자 주식과 국채가 같은 방향으로 움직이는 경우가 많아질 수 있으므로 적절한 상관계수는 +0.3일 수도 있습니다.

루나 : 미래의 일은 누구도 예상할 수 없다는 건가요?

히로 : 그렇습니다. 미래의 일은 정확하게 예상할 수 없어요. 지금 할 수 있는 일은 가지고 있는 정보의 범위 내에서 미래를 합리적으로 예상하는 것뿐입니다. 하지만 그 예상이 정말로 실현될지는 누구도 알 수 없습니다.

루나 : 금융공학을 공부해도 미래는 알 수 없군요.

히로 : 안타깝지만 금융공학은 미래를 내다보는 마법의 지팡이가 아닙니다. 그렇지만 미래는 알 수 없으니 될 대로 되라는 생각보다는 가능한 범위에서 미래를 상정하여 대부분의 상황에 대응할 수 있도록 해 두는 것이 좋겠죠. 그것이 리스크 관리의 역할입니다. 그러기 위해서는 VaR를 계산했으니 괜찮다고 기계적으로 생각할 것이 아니라 VaR 계산에는 한계가 있으므로 예상 밖의 일이 일어나도 유연하게 대응하려는 마음가짐이 필요합니다.

루나 : 리스크 관리의 한계를 인식하는 것이 실제 리스크 관리에는 필요하다는 거군요.

히로 : 맞습니다. 한계를 잊고 'VaR 계산=리스크 관리'로 간주하는 것은 리스크 관리의 진정한 역할이 아닙니다.

그림 17 VaR의 한계

팻테일 문제

루나 : 그래도 기껏 VaR까지 계산했는데 또 뭘 준비해야 하나요?

히로 : 하나의 방법에만 의존하지 않는다는 겁니다. 예를 들어 일반적

인 VaR 계산뿐만 아니라 지금 만약 이러이러한 사태가 일어난다면 어떻게 되는지 사례를 들어 검토하고, 그 때 어느 정도의 손실이 발생하는지 검토해 봅니다. 예를 들어 과거에 주식이 크게 하락한 사례를 찾아서 그 때의 볼러틸리티로 계산해 본다든지, 삼성전자 주식과 국채가 연동하여 움직인 사례를 찾아서 그 때의 상관계수를 적용합니다.

혹은 올해 통산 손실이 일정 금액을 넘었다면 VaR 계산과 별도로 리스크를 억제하는 방책을 취합니다. 이를 **손절** 혹은 **로스컷**이라고 하는데, 일정 손실이 발생하면 그 시점에서 일단 리스크를 축소합니다. 이러한 다양한 방책을 조합하여 VaR의 한계를 보완할 수 있습니다.

루나 : VaR이 그 정도로 의지할 수 없는 건가요?

히로 : VaR 계산 방법도 실제로는 다양한 개선이 이루어져 어느 정도 정밀도가 올랐습니다. 따라서 전혀 믿을 수 없는 것은 아닙니다. **리먼 쇼크**에 대해 들어본 적 있나요?

루나 : 들어 보긴 했는데…….

히로 : 2008년에 미국의 대형 증권회사인 리먼 브라더스가 도산한 사례인데, 사건 전후로 시장은 과거에 유례를 찾아볼 수 없는 극심한 움직임을 보였습니다. 이러한 상황이 되면 VaR로 상정한 것보다 훨씬 큰 손실이 발생합니다.

루나 : 무서운 얘기네요.

히로 : 이러한 극단적인 움직임은 기존의 정규분포 가정으로는 파악할 수 없습니다. 물론 정규분포의 가정이라도 일정한 확률로 VaR를 넘는 손실이 발생합니다.

하지만 현실 세계에서는 정규분포의 가정으로 계산한 것보다 훨씬 높은 확률로 상정된 VaR을 넘는 손실이 발생한다고 할 수 있습니다. 옵션 부분에서도 설명했지만, 이러한 사태를 **팻테일**

이라고 부릅니다. 이것이 리스크 관리의 최대 과제입니다.

루나 : 정규분포보다 끝단이 넓어진 걸 알았다면 그것을 전제로 계산하면 되지 않나요?

히로 : 그렇습니다. 실제로 그러한 연구가 이루어지고 있습니다. 하지만 이 문제가 까다로운 것은 끝단이 어느 정도 넓어질지 정확하게 추정할 수 없다는 점입니다.

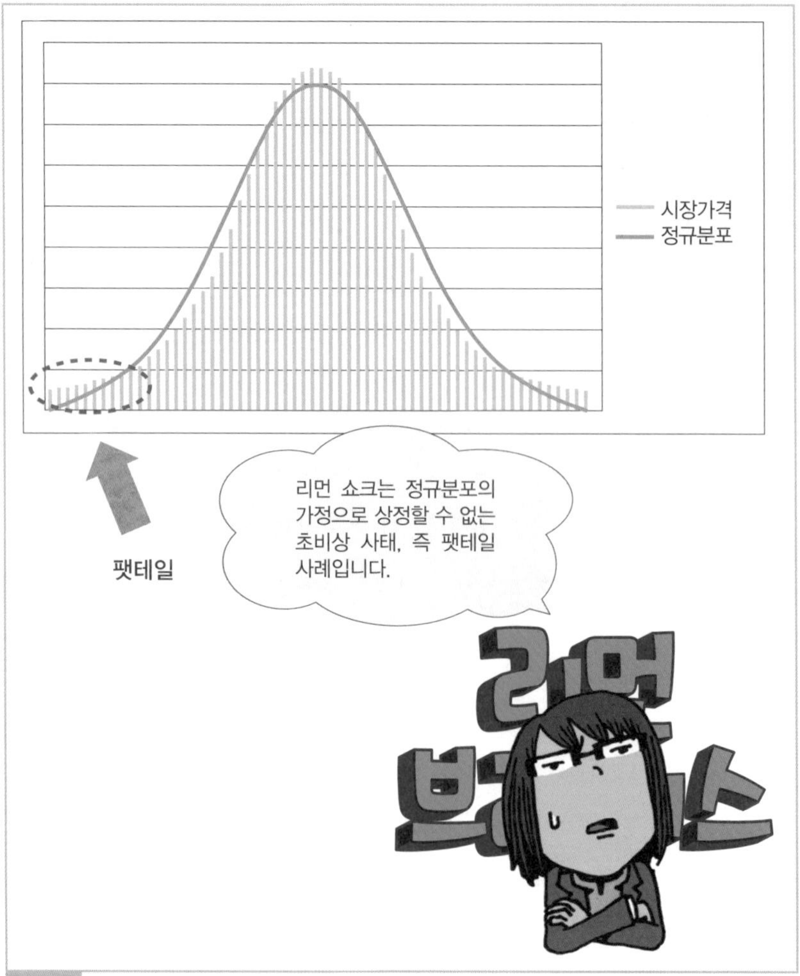

그림 18 팻테일의 존재

루나 : 추정할 수 없다면 관리할 수 없나요?

히로 : 리먼 쇼크가 일어난 지금은 리먼 쇼크와 같은 일이 일어나면 얼마나 손실이 생길지 계산할 수 있습니다. 하지만 미래에 리먼 쇼크를 뛰어넘는 사태가 일어나면 또다시 같은 문제에 직면하게 됩니다.

루나 : 악순환의 반복이네요.

히로 : 그렇다고 리스크를 무조건 높게 잡아 빡빡하게 관리하면 리스크의 적절한 관리라는 본래의 역할을 수행할 수 없겠죠. 결국 리스크 관리에 절대적인 것은 없습니다. 리스크 관리에 절대라는 것은 없음을 인식하고, 현실적인 임기응변의 대응을 계속해서 모색해 나가는 수밖에 없습니다. 그것이야말로 진정한 리스크 관리입니다.

루나 : 금융공학에는 한계가 있다는 것을 인식해야 금융공학을 제대로 활용할 수 있다는 거군요.

히로 : 마무리를 깔끔하게 정리해 주었네요.

◆미래의 일을 정확하게 알 수 없다.

◆VaR는 리스크를 측정하기 위한 하나의 수단에 지나지 않는다.

◆'리스크 관리에 절대란 없다'는 것을 인식하는 것이 리스크 관리의 첫걸음이다.

그림 19 리스크 관리의 대원칙

찾아보기

참고문헌

다부치 나오야, 『세계에서 제일 쉬운 금융공학 책입니다(世界一やさしい金融工学の本です)』(일본실업출판사, 2006)

다부치 나오야, 『도해로 알려진 파생 상품의 모든 것(入門実践金融 デリバティブのすべて)』(일본실업출판사, 2012)

다부치 나오야, 『입문 금융의 하나의 구조(入門金融のしくみ)』(일본실업출판사, 2014)

가볍게 읽는 금융공학

지은이 다부치 나오야
옮긴이 안선주
감수 이재원
펴낸이 조승식
펴낸곳 (주)도서출판 북스힐
등록 제22-457호(1998년 7월 28일)
주소 서울시 강북구 한천로 153길 17
홈페이지 www.bookshill.com
E-mail bookshill@bookshill.com
전화 (02) 994-0071
팩스 (02) 994-0073

초판 인쇄 2020년 9월 15일
초판 발행 2020년 9월 20일

값 13,000원
ISBN 979-11-5971-303-3